Gaston Nogrady

Der Gottesdienst im Altenheim - ein Weg ins Leben

Gaston Nogrady

Der Gottesdienst im Altenheim - ein Weg ins Leben

Fromm Verlag

Impressum / Imprint
Bibliografische Information der Deutschen Nationalbibliothek: Die Deutsche Nationalbibliothek verzeichnet diese Publikation in der Deutschen Nationalbibliografie; detaillierte bibliografische Daten sind im Internet über http://dnb.d-nb.de abrufbar.

Bibliographic information published by the Deutsche Nationalbibliothek: The Deutsche Nationalbibliothek lists this publication in the Deutsche Nationalbibliografie; detailed bibliographic data are available in the Internet at http://dnb.d-nb.de.

Verlag / Publisher:
Fromm Verlag
ist ein Imprint der / is a trademark of
OmniScriptum GmbH & Co. KG
Heinrich-Böcking-Str. 6-8, 66121 Saarbrücken, Deutschland / Germany
Email: info@frommverlag.de

Herstellung: siehe letzte Seite /
Printed at: see last page
ISBN: 978-3-8416-0561-0

INHALTSVERZEICHNIS

Vorwort

„Halte den Gottesdienst im Altenheim einfach so wie einen Kindergottesdienst.“ Diesen Rat gab mir ein älterer Kollege als ich als junger Pfarrer das erste Mal einen Gottesdienst im Altenheim[1] halten sollte. Ich war sehr unsicher, weil ich nicht wusste, wie ich diese Gottesdienstgemeinde erreichen sollte. Würden sie verstehen, was ich sage, singe und tue?

Nach einigen solchen „Kindergottesdiensten“ sprach mich eine ältere Dame an: „Herr Pfarrer, nun wollen wir aber auch mal wieder einen richtigen Gottesdienst feiern!“ Ein „richtiger“ Gottesdienst ist bei uns in Sachsen ein traditioneller, lutherischer Gottesdienst mit viel – zum Teil auch gesungener – Liturgie. Ich erfüllte der Dame diesen Wunsch sehr gern, denn ich liebe selber den liturgischen Gottesdienst. Und in der Tat: Ich hatte der Liturgie zuwenig zugetraut. Der traditionelle Gottesdienst erreicht die Menschen im Altenheim – auch diejenigen, die geistig nur noch sehr eingeschränkt daran teilnehmen können. Der liturgische Gottesdienst spricht nicht nur das Bewusstsein der alten Menschen an. Er erreicht auf heilsame Weise den ganzen Menschen und gibt ihm eine Kraft, die er nirgendwo anders her bekommt. Die Begegnung mit dem „Heiligen“ im Altenheim hat mich viel lernen lassen über Sinn und Zweck des Gottesdienstes überhaupt.

Diese Erfahrungen will ich mit vorliegender Arbeit theologisch reflektieren. Ich möchte zu einem „richtigen Gottesdienst“ im Altenheim ermutigen. Wer in diesem Buch nur ein paar schnell aufzubereitende Gottesdienstentwürfe für die Praxis erwartet, den muss ich enttäuschen. Solche sog. „Praxishilfen“ gibt es inzwischen in großer Zahl. Sie sind aber „weit gehend unberührt von praktisch-theologischer Theoriebildung“[2]. Genau darum soll es in diesem Buch gehen: um eine praktisch-theologische Begründung, warum der traditionelle, liturgische Gottesdienst alten Menschen hilft, „den Weg ins Leben“ zu finden.

---

[1] Mit Christian Mulia spreche ich vom „Altenheim“ als Oberbegriff für die verschiedenen stationären Senioreneinrichtungen und nicht im engeren Sinn als von einem Heimtyp zwischen Altenpflegeheim und Altenwohnheim. Vgl. Mulia, Altenheim, S. 18.

[2] Thomas Klie, Liturgik: Alte im Gottesdienst – Gottesdienst für Alte, S. 455, Anm. 19.

dürftigen allein zwischen 2005 und 2007 um 5,6% zugenommen hat.[18] Die Zahl der Pflegebedürftigen, die in stationären Pflegeeinrichtungen wohnen, ist im selben Zeitraum um gut 8% gestiegen,[19] die Zahl der schwerstpflegebedürftigen Heimbewohner (Pflegestufe III) ist sogar um fast 15% angestiegen![20] In diesen Zahlen zeigt sich eine Tendenz: Es steigt nicht nur die absolute Zahl der pflegebedürftigen alten Menschen. Überproportional wächst die Zahl der alten Menschen, die in einem Heim wohnen, und unter den Heimbewohnern wiederum nimmt die Anzahl der Schwerstpflegebedürftigen zu. Die Gründe für diese Entwicklung liegen zum einen in der höheren Lebenserwartung der Menschen und zum anderen in der sog. „Singularisierung des Alters“[21]: Immer mehr alte Menschen leben allein, ledig, verwitwet oder geschieden. Immer öfter sind sie kinderlos oder aber die Kinder sind berufstätig oder wohnen weit entfernt von ihren alten Eltern.[22]

„Bundesweit gab es im Dezember 2007 rund 11.000 nach SGB XI zugelassene ... Pflegeheime. Die Mehrzahl der Heime (55% ...) befand sich in freigemeinnütziger Trägerschaft (z. B. Diakonie oder Caritas); der Anteil der Privaten betrug 39% ... . Öffentliche Träger haben ... den geringsten Anteil (6%)“[23]. 709.311 pflegebedürftige Personen wohnen in Heimen, der Frauenanteil liegt bei 75,8 %.[24] Außerdem wohnen

[18] Vgl. Statistisches Landesamt, Pressemitteilung vom 4. März 2009, S. 1. Deutschlandweit hat die Zahl der Pflegebedürftigen um 4,8% zugenommen. Vgl. Statistische Bundesamt, Pflegestatistik 2007 / Pflegeheime, S. 5.

[19] Damit liegt Sachsen mit Thüringen und Mecklenburg-Vorpommern bundesweit an der Spitze. In Berlin ist die Zahl der Heimbewohner dagegen nur um 1% gewachsen. Vgl. Statistisches Bundesamt, Pflegestatistik 2007 / Pflegeheime, S. 5.

[20] Vgl. a.a.O., S. 2.

[21] Vgl. Lehr, S. 40ff.

[22] Das betrifft besonders alte Menschen in den neuen Bundesländern, deren Kinder berufsbedingt in die alten Bundesländer ziehen mussten. Aber für ganz Deutschland gilt der Trend: Pflege verlagert sich zunehmend aus dem privaten, häuslichen Umfeld hin zur „professionellen“ Pflege in Heimen: Zwar werden noch immer gut 2/3 der Pflegebedürftigen zu Hause versorgt, aber ihr Anteil sank zwischen 1999 und 2007 um 2,2%, die Zahl der Pflegebedürftigen in Heimen stieg im gleichen Zeitraum um 23,7%! Vgl. Statistisches Bundesamt, Pflegestatistik 2007 / Deutschlandergebnisse, S. 4.

[23] Statistisches Bundesamt, Pflegestatistik 2007 / Pflegeheime, S. 4. Sachsen hatte 2007 698 Pflegeheime. Ihre Trägerschaft entspricht fast genau dem Bundesdurchschnitt. Vgl. a.a.O., S. 8.

[24] Vgl. Statistisches Bundesamt, Pflegestatistik 2007 / Deutschlandergebnisse, Tabelle auf S. 13. In den sächsischen Pflegeheimen wohnen insgesamt 43.143 Personen. Vgl. Statistisches Bundesamt, Pflegestatistik 2007 / Pflegeheime, Tabelle auf S. 10.

noch etwa 50.000 ältere Menschen ohne Pflegestufe in diesen Heimen. Ihr Anteil an den Heimbewohnern geht aber kontinuierlich zurück.[25]

Etwa ein Drittel der Heimbewohner verstirbt innerhalb des ersten Jahres nach Einzug in das Heim, ein Fünftel lebt allerdings noch fünf Jahre oder länger dort. Im Vergleich zu 1994 ist die Verweildauer im Heim rückläufig.[26]

Diese Zahlen werfen ein erstes Licht auf die Relevanz und die besonderen Herausforderungen des Themas „Gottesdienst im Altenheim“. Die demographischen Befunde zeigen allerdings auch, dass die Bewohner von Altenheimen und damit die Teilnehmer an den Gottesdienstes im Durchschnitt immer älter und pflegebedürftiger werden, ja, dass sie oft nur die letzte kurze Etappe ihres Lebensweges im Altenheim verbringen. Diese Tatsache muss bei den folgenden Überlegungen im Blick bleiben.

1.2 Gerontologie

Die Bezeichnung „Gerontologie“ wurde erstmalig 1929 von dem russischen Forscher N. A. Rybnikov eingeführt. Er beschreibt Gegenstand und Aufgabe dieser neuen Disziplin folgendermaßen: „Gerontologie, die Erforschung des Verhaltens im höheren Alter, soll ein Spezialgebiet der Verhaltenswissenschaften werden. Das Ziel dieser Wissenschaft ist die Erforschung der Ursachen und Bedingungen des Alterns wie auch die Erforschung und sorgfältige Beschreibung regulär fortschreitender Verhaltensänderungen, die zum Lebensalter in Beziehung stehen.“[27]

In der ersten Phase der Gerontologie erforschte man die Ursachen für das Altern nur unter biologisch-medizinischen Aspekten. Das führte lange Zeit zu einer einseitig pathologischen Sicht des Alters.[28] Erst allmählich wurden psychologische und soziologische Aspekte in die Gerontologie mit einbezogen.[29] Diese führten schließlich zu einer differenzierten Sicht des Alterns: Neben so genannte „Defizitmodelle“, die den körperlichen und geistigen Abbau beschreiben, treten nun Theorien des „erfolgrei-

[25] Waren 1994 noch 37% der Bewohner ohne Pflegestufe, so waren es 2005 nur noch 15%. Vgl. Bundesministerium für Familie etc., Möglichkeiten und Grenzen, S. 1.

[26] Vgl. a.a.O., S. 2: Betrug die durchschnittliche Verweildauer 1994 noch fast 5 Jahre, so ist sie bis 2005 auf knapp 3,5 Jahre gesunken.

[27] Vgl. Lehr, S. 17.

[28] Vgl. a.a.O., S. 18f.

[29] Vgl. a.a.O., S. 19.

chen Alterns", die das Alter als Herausforderung und zu bewältigende Aufgabe darstellen, sowie sog. „Wachstumstheorien", die eine Steigerung bestimmter Lebensqualitäten (Wohlbefinden, Weisheit, Transzendenzempfänglichkeit) im Alter erkennen.[30] Seitdem hat sich in der Gerontologie durchgesetzt, Alterung nicht mehr als einen monokausalen Prozess zu betrachten, sondern als ein Zusammenwirken physischer, psychischer und sozialer Faktoren.[31]

Simone de Beauvoir schreibt in ihrem 1970 erschienenen über 500-seitigen Essay „Das Alter": „Was das Problem kompliziert macht, ist die enge Wechselbeziehung dieser verschiedenen Gesichtspunkte. Wie wir heute wissen, ist es abstrakt, die physiologischen und die psychologischen Gegebenheiten getrennt zu betrachten: sie bedingen sich gegenseitig."[32] Als dritten Aspekt macht sich Beauvoir für die soziologische Perspektive des Alters besonders stark.[33]

Die Erkenntnisse psychosomatischer und psychosozialer Prozesse verbieten eine völlig isolierte Betrachtung dieser drei Aspekte der Gerontologie. Wenn ich im Folgenden dennoch die physische, psychische und soziale Situation von Altenheimbewohnern nacheinander darstelle, geschieht das rein aus methodischen Gründen und soll den inneren Zusammenhang der drei Aspekte nicht in Frage stellen.

Ein weiteres Problem der Gerontologie betrifft den chronologischen Aspekt: Kann das Altern einerseits definiert werden als „biologischer, psychischer und sozialer Prozeß, der nicht erst in höherem Lebensalter beginnt, sondern *von der Geburt* an unumkehrbar fortschreitet"[34], so vollzieht sich dieser Prozess doch andererseits individuell so verschieden, dass er nicht generalisierend an bestimmten Lebensjahren festgemacht werden kann.[35] Eine Klassifizierung alter Menschen in „junge Alte" und „Hochbetagte"[36] oder die zeitliche Aufteilung des Alters in ein (aktives) „Drittes Le-

---

[30] Vgl. a.a.O., S.46-69.
[31] Vg. a.a.O., S. 23f.
[32] Beauvoir, S. 11. Vgl. auch Legatis, Art. „Gerontologie", S. 525f.
[33] Vgl. Beauvoir, S. 12.
[34] Pflege Heute. Lehrhandbuch und Atlas für Pflegeberufe, S. 484 (kursiv im Original).
[35] Vgl. Lehr, S. VI. Vgl. auch EKD, Im Alter neu werden können, S. 16. In der Gerontologie unterscheidet man deshalb „biographisches" bzw. „chronologisches" Altern (Lebensalter in Jahren) von „biologischem" und „sozialem" Altern (abhängig von der gesundheitlichen bzw. sozialen Situation), vgl. Pflege heute, S. 485.
[36] Z. B. bei Ziemer, für den Alte ab 80 Jahren „Hochbetagte" sind. Vgl. Seelsorgelehre, S. 265.

bensalter“ und ein (beeinträchtigtes) „Viertes Lebensalter“[37] werden dem nicht gerecht, weil sie den Eindruck erwecken, es gebe eine bestimmte Altersgrenze, die – plakativ ausgedrückt – positives Altern in negatives verwandle. Eine solche absolute Altersgrenze, an einem bestimmten Lebensalter festgemacht, gibt es nicht. Allerdings kennt die Gerontologie ein anderes Phänomen: das sog. „Terminal Decline-Konzept“[38]. Danach haben empirische Untersuchungen ergeben, dass etwa 3,5 Jahre vor dem Tod ein beschleunigter Abbau der kognitiven Leistungsfähigkeit einsetzt.[39] Ausgehend von diesem Befund und der daraus resultierenden These, dass der bevorstehende Tod den Prozess des Alterns stärker beeinflusst als das absolute Lebensalter, beschreibt Andreas Kruse, einer der führenden Gerontologen in Deutschland und Direktor des Instituts für Gerontologie an der Universität Heidelberg, die „körperliche, psychische und soziale Situation des alten Menschen am Ende seines Lebens“[40] in seinem Buch „Das letzte Lebensjahr“. Die bei Kruse genannten 3,5 Jahre decken sich ziemlich genau mit der durchschnittlichen Verweildauer alter Menschen im Altenheim. Und so will ich mich innerhalb des großen Themas „Alter“ auf diese „letzte Wegstrecke“[41] beschränken. Da es sich bei den 3,5 Jahren um einen Durchschnittswert handelt spreche ich lieber von der „letzten Wegstrecke“, die individuell unterschiedlich lang sein kann. Sie soll nun im Blick auf die physische, psychische und soziale Situation betrachtet werden.

[37] Mäule klassifiziert ebenfalls nach dem chronologischen Alter: „das junge, das dritte Alter (70 bis 85 Jahre)“ und das „hohe, das vierte Alter (ab 85 Jahre)“, Alter(n) diakonisch gestalten, S. 213.
[38] Dargestellt bei Kruse, Das letzte Lebensjahr, S. 39ff.
[39] Vgl. a.a.O., S. 39f.
[40] So lautet der Untertitel des Buches.
[41] „Am Ende des Weges“, nennt Heinrich Albertz seine Tagebuchaufzeichnungen, die er mit seinem Umzug in ein Altenheim beginnt. Vgl. auch Muntanjohl, die vom „letzten Wegstück“ spricht. Vgl. Muntanjohl, Der letzte Umzug, S. 295.
Werden die Begriffe „hochbetagt“ oder „viertes Lebensalter“ nicht absolut nach Lebensjahren definiert, sondern in Relation zum nahenden Lebensende verstanden, können sie zur Bezeichnung der alten Mensche, denen ich mich widmen will, verwendet werden. Vgl. Schneider-Flume, Alter – Schicksal oder Gnade, S. 54 und S. 60. Feeser-Lichterfeld, Lebensgestaltung im hohen Alter, S. 104.

1.3 Die physische Situation alter Menschen im Altenheim

Der Umzug in ein Altenheim erfolgt in den seltensten Fällen freiwillig, im besten Fall aus Einsicht in die gesundheitliche Notwendigkeit.[42] Oft schließt er sich an einen längeren Krankenhausaufenthalt an, an dessen Ende die widerstrebend akzeptierte Einsicht steht: Eine Rückkehr in die eigene Wohnung ist aufgrund der gesundheitlichen Einschränkungen nicht mehr möglich.[43]

Die elementaren körperlichen Verhaltensweisen, nach denen Manfred Josuttis seine „Einführung in den Gottesdienst auf verhaltenswissenschaftlicher Grundlage“[44] gliedert (Gehen, Sitzen, Sehen, Singen, Hören, Essen) sind – in individuell unterschiedlicher Weise und Intensität – von diesem Prozess der zunehmenden physischen Einschränkungen betroffen. Im Blick auf diese elementaren Verhaltensweisen, auf die im letzten Teil dieser Arbeit wieder Bezug genommen wird, beschreibe ich die körperliche Situation der Heimbewohner:

- **Gehen:** Wer ein Altenheim betritt, dem fällt sofort die eingeschränkte Mobilität der Heimbewohner auf. Eine repräsentative Untersuchung von fast einem Zehntel aller deutschen Altenheime ergab, dass nur bei 18,5% der Heimbewohner die Mobilität voll erhalten war. 10,7% waren auf einen Gehstock angewiesen, 25,9% auf einen Rollator. 31,4% waren nur in einem Rollstuhl mobil und 13,5% der Heimbewohner waren gänzlich immobil.[45] Die körperlichen Ursachen für diese abnehmende Mobilität sind ganz verschieden: Allein über 80% leiden an Arthrosen in Hüft- bzw. Kniegelenken,[46] dazu kommen Beeinträchtigung durch Brüche, Amputationen, kreislaufbedingten Schwindel, Gleichgewichtsstörungen, Schlaganfälle und allgemeine körperliche Schwäche.

- **Sitzen:** Sitzen ist das typische Verhalten in einem Pflegeheim. Die Bewohner sitzen den größten Teil des Tages – allein in ihren Zimmern, in Sitzgruppen, beim Essen und bei geselligen Veranstaltungen. Auch Tätigkeiten, die außerhalb eines Heimes stehend vollzogen werden, geschehen im Heim oft sitzend: z. B. wird sitzend

[42] Vgl. Raschzok, Orte: Heim(e) und Mobilität, S. 291.
[43] Vgl. Lehr, S. 315.
[44] Josuttis, Der Weg in das Leben, vgl. Inhaltsverzeichnis, S. 7f.
[45] Vgl. Kruse, Demenz, S. 70.
[46] Vgl. Raschzok, S. 292.

„getanzt“[47]. Auch bettlägerige Bewohner werden – wenn möglich – regelmäßig in sitzende Haltung gebracht.

- **Sehen, Hören** und andere Sinneswahrnehmungen sind individuell in sehr verschiedenem Maß beeinträchtigt: Während die Seh- und Hörfähigkeit bei vielen Bewohnern stark eingeschränkt sind,[48] und auch der Geruchs- und Geschmackssinn nachlässt,[49] ist die Haut als Sinnesorgan für Berührungen bis zum Schluss empfänglich.[50] Insbesondere zu den Symptomen der Demenz[51] gehören veränderte Sinneswahrnehmungen: In der zweiten Demenzphase „werden für andere nicht wahrnehmbare Personen oder Stimmen gesehen bzw. gehört.“[52] In der Spätphase der Demenz ist „verbale Kommunikation ... nur noch äußerst eingeschränkt möglich“[53], „Kommunikation [findet] mehr und mehr auf der non-verbalen und der emotionalen Ebene“[54] statt. Für den Dementen werden beim Hören nun der Klang der Stimme, die Mimik und die Gestik des Sprechenden wichtiger.[55] Sehr lange bleibt als erlebte Sinneswahrnehmung der Tastsinn erhalten.[56]

- **Singen (und Sprechen):** Gerade das Singen gehört zu den wichtigen Verhaltensäußerungen von Menschen in den letzten Lebensjahren. In vielen Altenheimen gibt es Chöre der Bewohner. Singen steigert auch das körperliche Wohlbefinden.

---

[47] Vgl. Fröchtling, „Und dann habe ich auch noch den Kopf verloren ...“, S. 323ff.
[48] Vgl. Pflege Heute, S. 487.
[49] Vgl. a.a.O., S. 490.
[50] Vgl. a.a.O., S. 489.
[51] Wenn ich im Folgenden von Demenz spreche, meine ich die Demenz vom Alzheimer-Typ, die fast 90% der Demenzen alter Menschen ausmacht. Daneben gibt es noch die vaskuläre Demenz, die durch Infarkte bzw. durch einen Schlaganfall verursacht ist (vgl. Stoppe, Demenz, S. 12f.). Die primären Ursachen der Demenz sind umstritten: Während einige Forscher pathologische Veränderungen des Gehirns und damit physische Ursachen als primär ansehen („Die Ursache der Alzheimer-Krankheit ist das Absterben von Gehirnzellen“, Fischer-Börold, Demenz, S. 36. Vgl. auch Kruse, Demenz, S. 53f.), relativieren andere diese pathologischen Veränderungen (Stoppe, Demenz, S. 23: „Bisher ist keiner der pathologischen Befunde für eine Krankheit spezifisch. All diese Veränderungen treten auch im normalen Alter auf“. Vgl. auch Fröchtling, S. 90). Wiefel-Jenner (Ein Zeugnis der Hoffnung geben, S. 20) betont die psychischen Ursachen der Demenz und kommt zu dem Ergebnis: „Körperliche und psychische Ursachen spielen also zusammen.“ Fröchtling spricht von einem „biomedizinischen und einem psychosozialen Paradigma“ (S. 46). Die psychischen, bzw. biographischen Ursachen für eine Demenz machte Tilman Jens in seinem biographischen Roman „Demenz“ populär, in dem er die Demenzerkrankung seines Vaters Walter Jens auf verdrängte Schuld während des Dritten Reiches zurückführt. Kruse stellt dagegen fest: „Die genauen Ursachen der Alzheimer-Krankheit sind nicht bekannt.“ (Kruse, Demenz, S. 53).
[52] Fröchtling, S. 101.
[53] A.a.O., S. 101.
[54] A.a.O., S. 95.
[55] Vgl. a.a.O. S. 233ff.
[56] Vgl. a.a.O., S. 110f.

tenheim.[68] Zu den Symptomen gehören: Desorientierung in Raum und Zeit, Vergesslichkeit, Gedächtnisverlust beginnend mit dem Kurzzeitgedächtnis bis schließlich auch „das Langzeitgedächtnis beginnt abzubröckeln, und zwar auf eine ganz besondere Weise: Es wird wie ein Wollknäuel abgewickelt, vom Ende zum Anfang hin."[69]

Das bedeutet: Alles, was in der Kindheit und Jugend gelernt wurde, ist noch am längsten abrufbar.

1.4 Die psychische Situation alter Menschen im Altenheim

Kruse konstatiert: In einer repräsentativen Untersuchung von Heimbewohnern „wurden 65 Prozent als psychisch krank diagnostiziert. Von diesen litten 69,3 Prozent unter einer hirnorganischen Störung (Demenz) und 20,7 Prozent an einer anderen psychischen Störung (vor allem Depressionen)."[70]

Trotz dieser Befunde, soll nicht allein die pathologische Sicht der Psyche alter Menschen im Blick sein. Lehr spricht z. B. von einer „emotionale[n] Entwicklung zum Alter hin ...[, die] nicht nur ein hohes Maß an Konstanz in den wesentlichen Gefühlen [zeige], sondern auch eine feinere Tönung und Artikulation."[71] Allerdings stellt auch sie ein hohes Maß an „emotionaler Einsamkeit" bei Altenheimbewohnern fest.[72] Zu den positiven psychischen Entwicklungen zählt Ziemer: „die Fähigkeit, sich über das Geringe zu freuen, ein Stück Gelassenheit, vielleicht auch sogar Altershumor und die erhöhte Aufmerksamkeit für die leisen Dinge."[73]

Eine besondere psychische Herausforderung, die sich für Altenheimbewohner massiver als für andere stellt, ist die Auseinandersetzung mit dem Tod. Der Tod ist im Heim ein ständiger Gast. In manchen Heimen wird nur hinter vorgehaltener Hand von ihm gesprochen, und man merkt seinen Besuch nur an dem leeren Platz am Tisch

[68] Vgl. Föchtling, S. 153.
[69] Fröchtling referiert auf S. 92 bis 95 Buijssens Demenzgesetze. (Zitat auf S. 94).
[70] Kruse, Demenz, S. 72.
[71] Lehr, S. 165.
[72] Vgl. Lehr, S. 164.
[73] Ziemer, Seelsorgelehre, S. 265.

bzw. dem ausgeräumten Zimmer,[74] in anderen Heimen findet dagegen ein bewusster Abschied von verstorbenen Mitbewohnern statt. Die Art und Weise, mit dem eigenen, nahenden Tod umzugehen, ist bei den Heimbewohnern sehr verschieden: Sie schwankt zwischen Todesangst und Todeswunsch, und sie hängt sehr von biografischen und sozialen Faktoren ab.[75]

Außerdem können – bei aller Vorsicht vor unzulässigen Verallgemeinerungen – Phasen in der individuellen Verarbeitung des nahenden Todes festgestellt werden. Kruse bezieht sich dabei auf die Forschungsergebnisse der Schweizer Ärztin und Thanatologin Elisabeth Kübler-Ross. Sie befragte ca. 200 sterbenskranke Menschen, deren Tod in absehbarer Zeit bevorstand. Dabei kristallisierten sich fünf Phasen im Umgang mit dem bevorstehenden Tod heraus:

In der ersten Phase[76] will der Patient den bevorstehenden Tod nicht wahrhaben. Er verdrängt den Tod und geht auf Distanz zu allem, was ihn mit dem Gedanken des Todes konfrontiert. Ähnliches beobachte ich bei neu eingezogenen Heimbewohnern: Sie wissen zwar, dass mit dem Heimeintritt die „letzte Wegstrecke" vor ihnen liegt, sie erleben die Gegenwart des Todes im Heim massiv. Aber sie wehren sich, diese Präsenz des Todes auf ihr eigenes Leben zu beziehen. Von den sterbenden Mitbewohnern wird wie von einer fremden Gruppe von Menschen gesprochen, mit denen man selber eigentlich nichts zu tun hat.[77]

Die zweite Phase[78] ist vom Zorn gegen das bevorstehende Schicksal des Todes geprägt. Dieser „Zorn ergießt sich ohne sichtbaren Anlass in alle Richtungen."[79] Mitbewohner bekommen ihn genauso zu spüren wie Pflegerinnen, Angehörige und Seelsorger. Der Mensch hadert mit Gott und der Welt.[80]

---

[74] Eine Untersuchung über die Sterbekultur in Altenheimen im Auftrag der Arbeiterwohlfahrt im Jahr 2003 kam zu dem Ergebnis, dass „das Thema Tod und Sterben in der stationären Altenhilfe weitgehend tabuisiert" ist. Vgl. Fussek, Alt und abgeschoben, S. 127.
[75] Vgl. Kruse, Das letzte Lebensjahr, S. 150ff. So haben empirische Studien ergeben, „dass religiöse Menschen im Allgemeinen weniger Todesfurcht erleben als nicht religiöse Menschen" (S. 152).
[76] Vgl. Kübler-Ross, Interviews mit Sterbenden, S. 16-25.
[77] Diese Beobachtungen berühren auch die später beschriebene soziale Situation.
[78] Vgl. a.a.O., S. 26-53.
[79] A.a.O., S. 26.
[80] Vgl. a.a.O., S. 31ff.

Darauf folgt eine dritte Phase[81], in der der todkranke Patient versucht, mit Gott zu verhandeln: um eine längere Lebensspanne zu bekommen oder zumindest ein paar Tage ohne Schmerzen und Beschwerden verleben zu können, verspricht er Gott ein Opfer besonderer Hingabe. Ich spüre bei manchen Gottesdienstteilnehmern im Altenheim diese Motivation im Hintergrund. Sie wird manchmal – enttäuscht – ausgesprochen, wenn die erhoffte Besserung nicht eingetreten ist.[82]

Dieses meist vergebliche Verhandeln führt dann zur vierten Phase[83] der Depression: Der „bevorstehende Verlust aller geliebten Dinge“[84] wird dem alten Menschen allmählich bewusst. Oberflächliche Aufheiterungen und Ablenkungen helfen ihm in dieser Phase nicht, ja, sie halten ihn davon ab, „über sein nahes Ende nachzudenken. Er muß trauern dürfen.“[85] Kübler-Ross stellt fest: „Diese Phase der Depression (ist) notwendig und heilsam ..., wenn der Patient eines Tages in Frieden und innerer Bereitschaft sterben soll.“[86] Ich stimme Kübler-Ross in der Beobachtung zu, dass alte Menschen in der Nähe des Todes ein – manchmal uneingestandenes – Bedürfnis haben, sich der Todesrealität zu stellen. Wenn Seelsorgende dem nicht ausweichen, können sie alte Menschen vor ihrem Tod „von [einer] unerträgliche[n] Last befreien“[87]. Und so kann sich schließlich die fünfte Phase[88] im Sterbeprozess einstellen, die Phase der Einwilligung in diesen letzten Weg.

Bei aller Kritik, die an solchen generalisierenden Phasenmodellen geübt werden kann, hält Kruse abschließend fest, dass ihre Kenntnis „für das ärztliche, das pflegerische und das seelsorgerische Handeln wichtig“ ist.[89]

---

[81] Vgl. a.a.O., S. 54-56.
[82] So kann man vereinzelt hören: „Herr Pfarrer, nun bin ich wieder in den Gottesdienst gegangen, aber die Schmerzen sind dadurch auch nicht weniger geworden.“
[83] Vgl. a.a.O., S. 57-76.
[84] A.a.O., S. 59.
[85] A.a.O.
[86] A.a.O., S. 60.
[87] Vgl. Kruse, Das letzte Lebensjahr, S. 88. Menschen im Angesicht des Todes können das Ausweichen vor dieser Realität durch Angehörige oder Pflegende manchmal als qualvolle Lüge empfinden. Vgl. a.a.O., S. 102.
[88] Vgl. Kübler-Ross, S. 77-93.
[89] A.a.O., S. 93.

1.5 Die soziale Situation alter Menschen im Altenheim

Jürgen Ziemer fasst die soziale Situation alter Menschen in seiner Seelsorgelehre folgendermaßen zusammen: „Einengung des Lebenskreises, vor allem dann, wenn ein Pflegeheimaufenthalt notwendig geworden ist, und eine ständige Verringerung der Zahl vertrauter Menschen, mit denen man gelebt hat“[90].

Felizitas Muntanjohl entfaltet den sozialen Prozess, der mit dem Umzug in ein Altenheim beginnt, in vier Phasen.[91]

Die erste Phase überschreibt sie „Umzug als Abschied“[92]: Der meist notgedrungene, unfreiwillige Umzug in ein Heim stellt einen großen sozialen Einschnitt dar. Die bisher allmähliche Reduzierung der sozialen Kontakte durch das Wegsterben von Bekannten und die Erschwerung von Kommunikation durch nachlassende Mobilität und Schwerhörigkeit wird durch den Umzug noch einmal verstärkt. Gerade die älteren Freunde und Nachbarn sind oft nicht mobil genug, um den Kontakt nun noch aufrechtzuerhalten. Neben diesem Abschied von Beziehungen findet mit dem Auflösen der vertrauten Wohnung auch ein Abschied von Freiheit und eigener Lebensgeschichte statt. Diese Abschiede werden von den Betroffenen als sehr schmerzhaft empfunden. In ihrer Unumkehrbarkeit werden sie als ein Sterben auf Raten erlitten. Kruse spricht sogar vom „sozialen Tod“[93]. Zwar kommt man im Heim in eine Gruppe von Menschen, denen es ähnlich geht, aber „man [ist] für die neuen Mitbewohner [zunächst] ein Niemand“[94]. Nur selten entwickeln sich im Pflegeheim neue Beziehungen von der Intensität, wie es sie vorher gab. Christian Mulia betont den Verlust an Freiheit, wenn er vom Altenheim als einer „totalen Institution“ spricht.[95] Unter Bezug auf den Soziologen Erving Goffman erkennt er in der „Kollektivierung des Wohnens, Schlafens und Essens, eine[r] mangelnde[n] Durchlässigkeit gegenüber der sozialen Außenwelt sowie eine[r] Abhängigkeit der Bewohner und Bewohnerinnen

[90] Ziemer, Seelsorgelehre, S. 265.
[91] Muntanjohl, Der letzte Umzug. Seelsorge bei Menschen in Pflegeheimen. M. berührt dabei auch die psychische Dimension, die sich von der sozialen oft nicht trennen lässt.
[92] A.a.O., S. 296 bis 299.
[93] Kruse, Das letzte Lebensjahr, S. 102.
[94] Muntanjohl, Der letzte Umzug, S. 297.
[95] Mulia, Altenheim. Die letzte Wegstation als Raum des Lebens und Sterbens, S. 19.

von den Pflegekräften“[96] und der Tatsache, dass der Heimeintritt oft notgedrungen erfolgt, Kennzeichen einer „totalen Institution“[97]. Das Gefühl von Unfreiheit kann durch die materielle Situation noch verstärkt werden: Zwar wird ein Großteil der Kosten für einen Heimaufenthalt durch die Leistungen der Pflegeversicherung getragen,[98] aber selbst die übrigen Kosten, die vom Bewohner entrichtet werden müssen, übersteigen oft seine Möglichkeiten, sodass er zusätzlich auf Sozialhilfe angewiesen ist. Mit Ursula Lehr ist gegen Mulia aber auch festzuhalten: „Ein Heim sollte nicht zur Horizontverengung, zur Einschränkung des Lebensradius, sondern geradezu zu dessen Erweiterung beitragen und sollte älteren Menschen Möglichkeiten dazu eröffnen, die ihnen sonst nicht gegeben sind.“[99] Genau das geschieht in den verschiedenen im Heim angebotenen Veranstaltungen, nicht zuletzt im Gottesdienst. In 90% aller Heime wird Seelsorge angeboten.[100] So haben alte Menschen wieder die Möglichkeit am Gottesdienst teilzunehmen, was oft in den letzten Jahren zu Hause allein schon wegen der eingeschränkten Mobilität meist nicht mehr möglich war. Außerdem muss erwähnt werden, dass die Heime „in den letzten Jahrzehnten durch verbesserte Pflege-, Betreuungs- und Baukonzepte die Freiheitsräume und individuellen Bedürfnislagen der alten Menschen stärker berücksichtigt [haben].“[101]

Die zweite Phase ist bestimmt vom „Schock des Alternserlebens“[102]. Die massive Konfrontation mit der Gebrechlichkeit des Alterns führt zu einer starken Abwehrhaltung: „Ich will hier raus! Ich gehöre hier nicht hin. Ich bin noch normal.“[103]

---

[96] A.a.O.

[97] A.a.O.

[98] In SGB XI § 4, Abs. 2 heißt es dazu: „Bei teil- und vollstationärer Pflege werden die Pflegebedürftigen von Aufwendungen entlastet, die für ihre Versorgung nach Art und Schwere der Pflegebedürftigkeit erforderlich sind (pflegebedingte Aufwendungen), die Aufwendungen für Unterkunft und Verpflegung tragen die Pflegebedürftigen selbst.“ (Marburger, SGB XI, S. 55f.).
Die Pflegestatistik 2007 nennt 71 Euro pro Tag als durchschnittlichen Pflegesatz der Stufe III. Für Unterkunft und Verpflegung sind dazu noch einmal durchschnittlich 20 Euro pro Tag zu zahlen. Vgl. Statistisches Bundesamt, Pflegestatistik 2007 / Deutschlandergebnisse, S. 8.

[99] Lehr, S. 315.

[100] Vgl. Bundesministerium für Familie etc., Möglichkeiten und Grenzen, S. 2.

[101] Mulia, Altenheim, S. 19. So stehen inzwischen für die meisten Bewohner Einzelzimmer zur Verfügung. (Vgl. Bundesministerium für Familie etc., Möglichkeiten und Grenzen, S. 2. Dort wird eine Steigerung des Einzelzimmeranteils seit 1994 von 54% auf 64% festgestellt).

[102] Muntanjohl, Der letzte Umzug, S. 299 bis S. 302.

[103] A.a.O., S. 299.

In der dritten Phase des „kontinuierliche[n] Abbau[s]“[104] werden die noch verbliebenen Kontakte zu Angehörigen durch die schwindenden körperlichen und geistigen Kräfte erschwert: So sehr man sich einerseits auf diesen Besuch freut, so wird er einem doch andererseits auch bald anstrengend. Als belastend wird ebenfalls empfunden, auch für die alltäglichsten Dinge nun auf Hilfe angewiesen zu sein.

Die vierte und letzte Phase ist schließlich der „Auszug aus der Welt“[105]: „Der Mensch wirkt wie in einer Zwischen-Wirklichkeit. Er ist körperlich noch anwesend, aber im Geist hält er sich woanders auf.“ „Diese letzte Phase ist für die Besuchenden, vor allem die Familienangehörigen und alten Freunde, schwer zu ertragen. Alle gewohnten Umgangsweisen scheinen abzuprallen an dieser unüberwindlichen Entfernung des Geistes.“[106]

Zur sozialen Situation rechne ich auch die biografische Prägung der Heimbewohner: Katharina Wiefel-Jenner hebt den geschichtlichen Kontext der Jahrgänge 1910 bis 1930 hervor, denen die Mehrzahl der heutigen Heimbewohner angehört: „Erschütterungen und Verletzungen“, „Verlust von zentralen Bezugspersonen“ durch Krieg und Vertreibung, „Verlust von Heimat“ und „Gewalterfahrungen“ durch Krieg und Kriegsfolgen: „Von den Geburtsjahrgängen ab 1920 haben mehr als 30% der Männer (bezogen auf die Rekrutenzahl) den Krieg nicht überlebt. Entsprechend ist der Anteil an Frauen in diesen Jahrgängen, abgesehen von der ohnehin längeren Lebenserwartung, wesentlich höher. ... Wahrscheinlich war mindestens jede achte Frau aus dem deutschen Reichsgebiet von Flucht oder Vertreibung betroffen. Die Gesamtzahl der Vergewaltigungen wird auf 1,9 Mio. geschätzt: 1,4 Mio. in ehemaligen deutschen Ostgebieten bzw. während der Flucht oder Vertreibung sowie 500 000 in der späteren sowjetischen Besatzungszone.“[107]

Frauen und Männern mit solchen gebrochenen und verwundeten Lebensläufen begegne ich im Altenheim. Ich entdecke in diesen Lebenswegen aber auch Heilsames: Diese Jahrgänge sind noch fast durchgängig religiös sozialisiert worden! Fast alle

[104] A.a.O., S. 302 bis S. 304.
[105] A.a.O., S. 304 bis S. 306.
[106] A.a.O., S. 304.
[107] Wiefel-Jenner, S. 21.

teilt werden in „Alte“ (זקן) und „Hochbetagte“ (מלא ימים).[116] Eine genaue Zuordnung dieser Phasen zu einem bestimmten Lebensalter wird nicht ausdrücklich vorgenommen. Lediglich indirekte Anhaltspunkte gibt es durch die Schätzung des Geldwertes zur Auslösung eines Menschen in Lev. 27, 1-7: Der höchste Preis ist für 20- bis 60-Jährige zu entrichten. „Mit 60 Jahren erwartet man einen starken Abfall der Arbeitskraft.“[117] Der Ablösepreis für einen über 60-Jährigen sinkt deshalb auf weniger als ein Drittel dieses Höchstpreises (Lev. 27, 7). Wegen dieses Leistungsabfalls kann das 60. Jahr als Beginn des Alters angesehen werden. Ganz selten wird von „Hochbetagten“ gesprochen: „Hochbetagt“ ist Abraham mit 100 Jahren und Sara mit 90 Jahren (Gen. 17, 17; 18, 11), Josua mit 110 Jahren (Jos. 23, 1; 24, 29), aber auch David mit erst 70 Jahren (1. Kön. 1, 1; 1. Sam. 5, 4). Angesichts einer durchschnittlichen Lebenserwartung von „knapp 44 Jahren“[118] sind die 70 bis 80 Jahre, von denen Psalm 90, 10 spricht, schon ideale „Höchstwerte“[119].

Das Alter als liminale Phase nahe der Grenze von Leben und Tod wird im AT ambivalent geschildert: Einerseits kann es bereits Spuren des nahenden Todes aufweisen, andererseits kann es eine besondere Höhe und Reifung des Lebens darstellen. Beide Aspekte wiederum müssen keine Alternativen sein, sondern können sich gegenseitig bedingen und verstärken. Die Verortung des Alters zwischen Leben und Tod zeigt sich auch in der Bandbreite an Wörtern, welche die hebräische Sprache für „alt“ als Bezeichnung des Lebensalters verwendet: זקן (alt, bärtig), עתק (alt, ehrwürdig), בלה (alt, abgenutzt, hinschwindend), שׂיב (alt, grauhaarig).[120]

2.1.1 Alter – zwischen Schwäche und Weisheit

2.1.1.1 Schwäche

Hans Walter Wolff stellt fest: „Das wesentliche Kennzeichen fortschreitenden Alters ist die zunehmende Schwäche.“[121] Und er fährt fort: „In dem einzigen Klage-

---

[116] Vgl. Wolff, S. 179.
[117] A.a.O., S. 180.
[118] A.a.O., S. 178.
[119] A.a.O.
[120] Vgl. Gesenius, Hebräisches und Aramäisches Handwörterbuch über das Alte Testament.
[121] Wolff, S. 183.

lied, das allein eindeutig ein alter Mensch betet (Ps 71), werden schwindende Kräfte (9) und vielfache, harte Mühsal (20) genannt; der Alternde fürchtet, weggeworfen zu werden und zu vereinsamen (9ff.). Oft ist von den schlechten, erblindenden Augen der Alten die Rede, bei Isaak (Gn 27, 21), Jakob (Gn 48, 10), Eli (1 S 3, 2).“[122] In Psalm 71, 9 werden „Alter“ (זקנה) und „schwach werden“ (כלות כחי) in einen Parallelismus Membrorum gesetzt und damit synonym verwendet.[123]

Ausführlich wird dieses Schwachwerden des alten Menschen in Koh. 12, 1-7 beschrieben. Wolff nennt diesen Abschnitt eine „Allegorie“[124], da hier in Bildern von den körperlichen Gebrechen des Alters gesprochen wird. Das Alter wird in Vers 1 „die bösen Tage“ genannt und „Jahre“, über die gesagt wird: „Sie gefallen mir nicht.“ Ab Vers 3 werden die einzelnen Gebrechen vor Augen gemalt. Ich gebe im Folgenden den Bibeltext in Ausschnitten wieder und füge jeweils in Klammern die Deutung des Bildes von Wolff[125] ein:

V. 3: „die Hüter des Hauses (Arme) zittern“
„die Starken (Beine) krümmen sich“
„die Müllerinnen (Zähne) stehen müßig, weil es so wenige geworden sind“
„finster werden, die durch die Fenster (Augen) sehen“

V. 4: „die Türen an der Gasse schließen sich (Ohren werden schwerhörig)“
„die Stimme der Mühle (Stimme) wird leiser“

V. 5: „man fürchtet sich vor den Höhen und ängstigt sich auf dem Weg“
„der Mandelbaum blüht (das Haar wird grau)“
„die Heuschrecke belädt sich (das Gehen macht Mühe, das Springen hört auf)“
„die Kaper bricht auf (kein Stimulans, kein Aphrodisiakum hilft mehr dem Alten)“.

---

[122] A.a.O.
[123] Frank-Lothar Hossfeld schreibt dazu in seinem Kommentar: „Zum ersten Mal wird jetzt mit V 9 in Ps 71 das Alter als Ausgangssituation offengelegt, wobei Ps 71 der einige Psalm ist, dessen Sprecher als alter Mensch gekennzeichnet ist. ... Auch für die Fragen zur Position der Bibel insgesamt zum alten Menschen ist Ps 71 also ein gewichtiger Zeuge. ... (Er) umschreibt allgemein das für das Alter typische Nachlassen der körperlichen Kräfte.“ (Psalmen 51-100, S. 296).
[124] Wolff, S. 183.
[125] A.a.O., S. 184.

An diese Bilder für die Gebrechen des Alters schließen sich ab Vers 5b unmittelbar Bilder für das Sterben an:

„der Mensch fährt dahin, wo er ewig bleibt"

„die Klageleute gehen umher auf der Gasse"

V.6: „der silberne Strick zerreißt und die goldene Schale zerbricht"

„der Eimer zerschellt an der Quelle"

„das Rad zerbrochen in den Brunnen fällt".

Während Vers 6 Bilder der Vergänglichkeit aus dem Alltagsleben aufnimmt, bezieht sich Vers 7 deutlich auf den (jahwistischen) Schöpfungsbericht:

„Denn der Staub muß wieder zur Erde kommen, wie er gewesen ist, und der Geist wieder zu Gott, der ihn gegeben hat." (Vgl. Gen. 2, 7 und 3, 19).

Das Gefälle dieser Allegorie sagt aus: Die Gebrechen des Alters sind Zeichen der Vergänglichkeit des Lebens, die Schwäche ist ein Vorbote des Todes. Das Alter nähert sich der Grenze zwischen Leben und Tod.

2.1.1.2 Weisheit

Wer bewusst altert und diese Grenze rechtzeitig erkennt, der wird „weise" genannt (vgl. Ps. 90, 12).[126] So kann „Weisheit" neben der Schwäche als das andere typische Merkmal des Alters überhaupt bezeichnet werden. Wolff stellt heraus: „Allgemein sollte gelten (Hi 12, 12): Die Weisheit hält sich bei Ergrauten auf, und Einsicht birgt ein langes Leben."[127] Neben der Lebenserfahrung überhaupt ist gerade auch die bewusst erlebte Schwäche, die Erfahrung der eigenen Grenzen, eine Quelle der Weisheit, indem sie auf Gott und seine Kraft verweist. So folgt der Klage des Alten in Psalm 71 in Vers 16 bis 18 der Hinweis auf Gottes Kraft und das „Dankgelübde"[128] der Weitergabe seiner Weisheit an die nachfolgenden Generationen:[129] „Ich gehe einher in der Kraft Gottes des HERRN; ich preise deine Gerechtigkeit allein.

[126] Vgl. a.a.O., S. 185.
[127] A.a.O.
[128] Kraus, Psalmen 60-150, S. 653.
[129] Vgl. Wolff, S. 185f.

Gott, du hast mich von Jugend auf gelehrt, und noch jetzt verkündige ich deine Wunder. Auch im Alter, Gott, verlaß mich nicht, und wenn ich grau werde, bis ich deine Macht verkündige Kindeskindern und deine Kraft allen, die noch kommen sollen.“

Ich sehe in der besonderen Stellung der Alten in Israel, wie sie in Ex. 20, 12 („Du sollst deinen Vater und deine Mutter ehren ...“) und in Lev. 19, 32 („Vor einem grauen Haupt sollst du aufstehen und die Alten ehren und sollst dich fürchten vor deinem Gott; ich bin der HERR.“) zum Ausdruck kommt, sowohl eine Hochschätzung dieser Altersweisheit als auch einen besonderen Schutz für Alte, der ihnen als Schwachen zukommen soll. Darin zeigt sich die „Option Gottes für die Schwachen“[130], die sich wie ein roter Faden durch die ganze Bibel zieht. Ganz ähnlich wie der alte Beter in Psalm 71, 16 von Gottes Kraft spricht, kann der Apostel Paulus später die Zusage Gottes wiedergeben: „Meine Kraft ist in den Schwachen mächtig.“ (2. Kor. 12, 9).

Die Weisheit der Alten ist sicher auch der Grund für die besondere rechtliche Autorität der Alten: Sie sprechen „Recht im Tor“[131] und stellen als „Älteste“ die Führung des Volkes.[132] Die „Ältesten“ sind schließlich zu einem Rechtsinstitut in Israel geworden, das auch von der frühen Christenheit übernommen wurde.[133]

2.1.2 Alter – zwischen Gottverlassenheit und Gottesnähe

Ich habe meine Darstellung der biblischen Aussagen über das Alter unter die Begriffe „Leben und Tod“ bzw. „Tod und Leben“ gestellt. Ich vertrete die These, dass auch für die biblische Sicht des Alters dessen besondere Nähe zum Tod ein wesentliches Charakteristikum dieser Lebensphase ist. Die oben beschriebene Schwäche des Alters, aber auch die Weisheit des Alters sind bestimmt von dieser Todesnähe.

Eine biblisch-theologische Deutung des Alters kann deshalb nicht ohne die biblische Deutung des Todes geschehen. Die Schwierigkeit dabei ist, dass es in der Bibel

[130] Vgl. Reinmuth, S. 155f.
[131] Vgl. Wolff, S. 185.
[132] Vgl. a.a.O.
[133] Vgl. Reinmuth, S. 154. Er spricht von der „Wertschätzung des Alters im frühen Christentum und seine positive Aufnahme der biblischen Traditionen, die Altersweisheit und Leitungsbefugnis im natürlichen Zusammenhang sehen.“

sehr verschiedene Aussagen über den Tod gibt, die teilweise auch in erheblicher Spannung zueinander stehen. Wolff stellt lapidar fest: „Der Anfang seiner [des Menschen, G.N.] Lebenszeit ist von Jahwe gesetzt. Aber an seinem Ende stehen dunkelste Fragen auf.“[134] Solche Fragen sind: Ist der Mensch als Sterblicher oder Unsterblicher erschaffen? Ist der Tod damit geschöpflich, ein Verhängnis, ein Schicksal oder gar eine Strafe? Ist der Mensch auch im Tod bei Gott oder ist er von Gott getrennt? Ist der Tod endgültig oder gibt es einen Weg aus dem Tod?

Der Tübinger Alttestamentler Hartmut Gese erkennt mit seinem traditionsgeschichtlichen Ansatz eine Entwicklung der biblischen Todesvorstellungen: Wird der Tod zunächst nur als Ort der heillosen Gottesferne gesehen,[135] bringe später die sog. „Weisheit“[136] die Vorstellung vom ewigen Leben, die dann in der „Apokalyptik“[137] zum Auferstehungsglauben weiterentwickelt wird. Daran schließe sich unmittelbar das NT an.[138] Gese interpretiert diese Entwicklung als „ontologische Offenbarungsschritte“[139].

Ich schließe mich dieser Sicht Geses an, allerdings mit der Prämisse, auch in den älteren Entwicklungsstufen für uns wichtige Aussagen über Leben und Tod zu finden.

2.1.2.1 Im Alter von Gott verlassen?

Im Psalter werden der Tod und die Todesnähe an vielen Stellen als ein Verlassensein von Gott beschrieben: „Meine Seele ist übervoll an Leiden, und mein Leben ist nahe dem Tode. Ich bin denen gleich geachtet, die in die Grube fahren, ich bin wie ein Mann, der keine Kraft mehr hat. Ich liege unter den Toten verlassen, wie die Erschlagenen, die im Grabe liegen, derer du nicht mehr gedenkst und die von deiner Hand geschieden sind.“ So ruft der Beter in Psalm 88 (Verse 4 bis 6) zu Gott. Mit „rhetorischen Fragen“[140] beschreibt er die Folgen dieser Trennung: „Wirst du an den

[134] Wolff, S. 150.
[135] Vgl. Gese, Der Tod im Alten Testament, S. 38ff. So heißt es auf dieser frühen Offenbarungsstufe: „es gibt kein Heil im Tod.“ S. 41.
[136] Vgl. a.a.O., S. 43ff.
[137] Vgl. a.a.O., S. 49ff.
[138] Vgl. a.a.O., S. 53f.
[139] A.a.O., S. 42.
[140] Wolff, S. 160.

Toten Wunder tun, oder werden die Verstorbenen aufstehen und dir danken? Wird man im Grabe erzählen deine Güte und deine Treue bei den Toten? Werden deine Wunder in der Finsternis erkannt oder deine Gerechtigkeit im Lande des Vergessens?“ (Verse 11 bis 13). Schließlich führt er seinen todesähnlichen Zustand darauf zurück, dass Gott ihn verstoßen bzw. sein Antlitz vor ihm verborgen habe (Vers 15). Tod, aber auch schon Krankheit und die Gebrechen des Alters als Zeichen der Todesnähe werden auf eine Störung des Verhältnisses zu Gott zurückgeführt.[141]

Weil bei Gott „die Quelle des Lebens“ (Ps. 36, 10) ist, sind alle Störungen des menschlichen Lebens – Krankheit, Schwäche, Alter, Tod – die Folge einer Trennung von dieser Quelle: „Verbirgst du dein Angesicht, so erschrecken sie (Menschen und Tiere); nimmst du weg ihren Odem, so vergehen sie und werden wieder Staub. Du sendest aus deinen Odem, so werden sie geschaffen, und du machst neu die Gestalt der Erde.“ (Ps. 104, 29f.).

So ruft der Beter von Psalm 22 in Todesnot: „Mein Gott, mein Gott, warum hast du mich verlassen?“ (Vers 2). Und der alte Beter des 71. Psalms fleht: „Verwirf mich nicht in meinem Alter, verlaß mich nicht, wenn ich schwach werde.“ (Vers 9). Diese Aussagen zeigen, dass die Grenze zum Tod nicht erst mit dem physischen Sterben überschritten wird, sondern bereits dann, wenn der Mensch von Gott verlassen ist. Sein Verlassensein von Gott erfährt der Beter auch in seinem Verlassensein von Menschen – er sieht sich nur von Feinden umgeben. Diese Feinde sehen gerade in seiner Gottverlassenheit ihre Macht über den Beter begründet (Verse 10+11).[142] Der alte Beter kann in dieser Situation Gott nicht mehr loben. Gerade darin wird ihm seine Todesnähe bewusst. Der Schwerkranke, der Gott nicht mehr loben kann, gehört „bereits zur Totenwelt“.[143] Deshalb wünscht sich der alte Beter in Psalm 71, Gott wieder loben zu können: „Laß meinen Mund deines Ruhmes und Preises voll sein täglich.“ (Vers 8). Im Gotteslob wäre er wieder in die heilsame und Leben schaffende Gemeinschaft mit Gott zurückgekehrt.

---

[141] Vgl. a.a.O., S. 161.
[142] Vgl. Hossfeld, Psalmen 51-100, S. 297.
[143] Wolff, S. 168. „Für den ganzen Menschen ergab sich die alttestamentliche Antwort, daß das Leben genau da in den Tod geht, wo das Lob Gottes verstummt.“ (S. 166f.) Und weiter stellt Wolff fest, „daß der Mensch abseits von der Möglichkeit, Gott zu preisen, wahrhaftig ‚im Tode' ist“ (S. 167).

2.1.2.2 Im Alter zu Gott fliehen

In seiner Situation kann der alte Beter von Psalm 71 nur klagen[144] und flehen – und zu Gott fliehen: Nach Hans-Joachim Kraus hat der alte Sänger des Psalms „im Asyl- und Schutzbereich des Heiligtums ... Zuflucht gefunden“[145]. Kraus übersetzt בצדקתך in Vers 2 mit „in deinem Heilsbereich“[146]. Dort – in der Gegenwart Gottes – bekommt er neue Kraft (Vers 16). „Der V 16 verweist auf den künftigen Tempelbesuch des Beters, wobei der hebräische Terminus בוא wieder wie in V 3 terminus technicus für den Tempelbesuch ist.“[147] Dort ist er wieder hinein genommen in die Gemeinschaft des Gotteslobes: „Der Psalmist lebt also gleichsam in den Lobgesängen Israels, er kennt die uralten Formeln und Weisen, in denen Jahwe verherrlicht wird. Nun soll auch das schwere Leid des Alternden den Sänger von Jahwe nicht trennen (18), sondern ihn erneut zum dankbaren Zeugen der großen Wundertaten des unvergleichlichen Gottes machen. Der Psalmist sieht sich selbst in einer Traditionskette, die nicht abreißen darf ... . Aus den Wundern, die in der Gottesgemeinde geschehen sind, schöpft der Leidende die Zuversicht, daß Jahwe auch ihn aus der Sphäre des Todes erretten wird.“[148] Durch diese Rettungserfahrung aus Angst und Tod kehrt der Beter ins Leben zurück (Vers 20) und kann nun Gott dafür danken und loben (Verse 20 bis 24). So sieht Kraus in der Gegenwart Gottes im Tempelgottesdienst eine Kraft, die stärker ist als der Tod: „Der Mann, der stets in Gottes Wundern (20a) und im Lobpreis der großen Heilstaten sein Leben führte, wird auch jetzt, da die Kräfte schwinden, in der letzten großen Bedrohung, getragen von den Lobgesängen Israels (Ps 22, 4ff.).“[149] Der Weg in den Tempel wird hier als ‚Weg in das Leben' gedeutet!

Auch Psalm 92, 14-16 spricht von der Lebenskraft, die gerade alten Menschen im Tempel zuteil wird: „Die gepflanzt sind im Hause des HERRN, werden in den

[144] Nach Erich Zenger ist die Klage schon der Beginn des Lobes: „Auch die Klage und Anklage Gottes ist nach Meinung der Tradition Leben stiftendes ‚Gotteslob', von dem gilt: „Ich bete, deshalb glaube ich“ (K. Rahner), ich klage, deshalb hoffe ich.“ Die Nacht wird leuchten wie der Tag. Psalmenauslegungen, S. 241.
[145] Kraus, Psalmen 60-150, S. 652.
[146] A.a.O.
[147] Hossfeld, Psalmen 51-100, S. 298.
[148] Kraus, Psalmen 60-150, S. 654.
[149] A.a.O., S. 492.

Vorhöfen unseres Gottes grünen. Und wenn sie auch alt werden, werden sie dennoch blühen, fruchtbar und frisch sein, daß sie verkündigen, wie der HERR es recht macht; er ist mein Fels und kein Unrecht ist an ihm."

2.1.3 Alter – zwischen Gericht und Gnade

Die Sicht des Alters wird entscheidend bestimmt durch die Sicht des Todes: Gehört des Tod bereits zur ursprünglichen, guten Schöpfung Gottes, so muss es auch ein ursprünglich gutes Alter geben. Ist der Tod aber tragisches Schicksal, dann ist auch das Alter von dieser Tragik gezeichnet. Und ist der Tod gar zu verstehen als Gericht Gottes über menschliche Schuld, dann trägt auch das Alter Spuren dieser Krisis.

Der jahwistische Schöpfungsbericht beantwortet diese Frage noch nicht eindeutig: Es wird zwar die Todesstrafe für die Übertretung des Gebots angekündigt (Gen. 2, 17), aber diese setzt ja eine ursprüngliche Unsterblichkeit des Menschen nicht voraus. Durch Gen. 3, 22 wird im Gegenteil deutlich, dass der Mensch im Anfang noch nicht unsterblich geschaffen war. Trotzdem wird die Vergänglichkeit des Menschen als Strafe für den Sündenfall gedeutet (Gen. 3, 19).[150]

2.1.3.1 Alter – unter dem Gericht Gottes

Dass der Tod nicht zur ursprünglichen, guten Schöpfung Gottes gehörte, macht Israels besonderer Umgang mit dem Tod deutlich: Im Unterschied zu den umgebenden Völkern wird in Israel der Tod „entmythisiert"[151] bzw. „desakralisiert"[152]. Wolff stellt fest: „Im allgemeinen sieht das Alte Testament den Tod in seiner ganzen Gräßlichkeit. Keinerlei Nimbus legt sich um ihn."[153]

Dem entspricht die oben beschriebene Vorstellung des Todes als Trennung von Gott. Der Sündenfall und die Vertreibung aus dem Paradies sind Ausdruck dieser Trennung, deren letzte Konsequenz schließlich der Tod ist. Damit ist der Tod weder

[150] Ich bin nicht der Meinung von Wolff, der in Gen. 3, 19 nur eine Umwandlung der nicht vollstreckten Todesstrafe in ein mühevolles Leben und den Tod damit als geschöpflich ansieht (S. 172).
[151] Vgl. Wolff, S. 155.
[152] Vgl. Gese, Der Tod im Alten Testament, S. 38.
[153] Wolff, S. 155.

Teil der guten Schöpfung Gottes noch tragisches Schicksal, wie er in den Mythen der Völker gedeutet wurde.[154]

In den späteren Schriften wird das dann auch immer deutlicher formuliert, z. B. in Psalm 90, der zur späten, nachexilischen Weisheitsliteratur gerechnet wird.[155] Die Verse 7ff. sehen die Vergänglichkeit des Menschen als Ausdruck des Zornes Gottes über die menschliche Sünde.[156] Das ganze Leben des Menschen verläuft im Schatten dieses Zornes (Vers 9). Auch die Begrenzung seines Lebensalters auf 70 bis 80 Jahre liegt darin begründet (Vers 10).

Neben der Weisheit, die der Mensch durch den nahen Tod als Ausdruck des Zornes Gottes lernen soll (Vers 12), zielt der Psalm vor allem auf die Bitte um Gnade, die sowohl forensisch als auch effektiv-substantiell verstanden wird: „HERR, kehre dich doch endlich wieder zu uns und sei deinen Knechten gnädig! Fülle uns frühe mit deiner Gnade," – und diese Gnade ermöglicht dann wiederum Leben und Gotteslob – „so wollen wir rühmen und fröhlich sein unser Leben lang." (Verse 13+14).

Eine späte Schrift aus dem ersten vorchristlichen Jahrhundert, die sog. „Weisheit Salomos", schlägt die Brücke zum NT, indem sie betont, dass „Gott den Tod nicht gemacht" hat (1, 13) und deshalb „der Tod auf der Erde kein Recht hat" (1, 14). Weiter heißt es dort: „Gott hat den Menschen zur Unvergänglichkeit geschaffen und ihn zum Abbild seines eigenen Wesens gemacht. Aber durch des Teufels Neid ist der Tod in die Welt gekommen, und es müssen ihn erfahren, die ihm angehören." (2, 23-25)[157] Wird hier der Teufel als Gegenspieler Gottes zum Vollstrecker des Todesurteils, so werden in anderen Schriften des spätantiken Judentums die Tat Adams und die Strafe Gottes stärker betont.[158] Diese Sicht wird von Paulus in Röm. 5 aufgenommen: Die Menschen als Kinder Adams sind alle unter der Sünde und damit unter dem Tod. Der Tod ist „der Sünde Sold" (Röm. 6, 23). Aber durch die Gnade Christi

[154] Diese Mythen, wie z. B. der Gilgameschepos, sehen den Verlust der Unsterblichkeit des Menschen als tragisches Unglück an. Die Geschichte vom Sündenfall benennt dagegen eindeutig menschliche Schuld als Ursache. Vgl. Gese, S. 35-37.

[155] Vgl. Kraus, Psalmen 60-150, S. 797. Die im Psalter einzigartige Zuschreibung dieses Psalms auf Mose sieht Zenger gerade in dem inhaltlichen Bezug auf Gen. 3, 16 begründet (Zenger, Die Nacht wird leuchten, S. 434).

[156] Vgl. Kraus, S. 799.

[157] Vgl. Kaiser, Tod und Leben, S. 8f.

[158] Vgl. Lohse, Tod und Leben, S. 84f., der Zitate aus dem 4. Esra anführt.

können nun alle Menschen die Gerechtigkeit vor Gott empfangen, die zum Leben führt. Der Weg, der zum Leben führt, beginnt zwar für den einzelnen Menschen in der Heiligen Taufe (Röm. 6), verläuft aber in diesem irdischen Leben mit der ganzen Schöpfung unter der Polarität von Gericht und Gnade, was an dem ängstlichen „Seufzen“ und „Sehnen“ nach „der Erlösung unseres Leibes“ (Röm. 8, 22f.) sichtbar und hörbar bleibt. Und so ist auch bei Paulus der Tod kein Teil der guten Schöpfung Gottes, sondern „der letzte Feind, der vernichtet wird“ (1. Kor. 15, 26).

2.1.3.2 Alter – unter der Gnade Gottes

Die Gnade ist schon das Ziel der Psalmbeter, die unter Vergänglichkeit, Alter und Tod leiden (Ps. 90, 13f.). Gottes Gnade zeigt sich zunächst noch ganz diesseitig in der oben beschriebenen Rettung aus dem Tod und der dadurch geschenkten Verlängerung des irdischen Lebens. Die dem Menschen geschenkte Lebensspanne überhaupt kann als Gnadenfrist angesehen werden: Angesichts der in Gen. 2, 17 angedrohten sofortigen Vollstreckung der Todesstrafe ist jeder Tag, den der sündige Mensch weiterleben darf, Gnadenzeit (vgl. Klgl. 3, 22f.). Insbesondere ein langes und erfülltes Leben wird als Erweis großer Gnade angesehen: Über Abraham, Isaak, David und Hiob wird gesagt, dass sie alt und „lebenssatt“ sterben dürfen. Wolff kommentiert: „So ist das Leben erfüllt. Denn ‚satt‘ meint nicht den Überdrüssigen, sondern den Befriedigten.“[159] Andererseits weiß man seit Hiob auch, dass Leid, Krankheit und früher Tod nicht immer Strafe für besondere Schuld sind, sondern auch den Gerechten treffen können. So wird Gnade schließlich in der prophetisch-apokalyptischen Literatur zu einer eschatologischen Kategorie. In diesem Kontext wird dann auch bereits im AT von der Überwindung des Todes und der Auferstehung der Toten gesprochen (Jes. 25f., Dan. 12, 1-3).

„Nirgends im Neuen Testament wird das Alter(n) als eigenes Thema reflektiert.“[160] Mit dieser Feststellung beginnt Reinmuth seine „Neutestamentliche[n] Perspektiven“ im Blick auf das Alter und folgert daraus eine grundsätzliche Kontinuität

[159] Wolff, S. 168.
[160] Reinmuth, S. 153.

des NT zum AT, was die Einstellung zum Alter betrifft.[161] Nur zweimal wird im NT von „Hochbetagten“ gesprochen – aber dafür an entscheidender Stelle: Am Beginn des Lukasevangeliums stehen zwei alte Paare: Das kinderlose und als unfruchtbar geltende Ehepaar Zacharias und Elisabeth bekommt in hohem Alter ein Kind, das den programmatischen Namen „Johannes“ („der HERR ist gnädig“) tragen soll. Zacharias und Elisabeth entstammen priesterlichen Familien. Zacharias erhält die Botschaft von dem Gnaden-Kind während seines Dienstes im Tempel. Ich sehe darin einen Bezug zu der in Psalm 92, 15 angesprochenen Fruchtbarkeit alter Menschen, die sich zum Tempel Gottes halten.

Auch die beiden anderen „Hochbetagten“, Simeon und Hanna, leben in besonderer Verbundenheit mit dem Tempel. Ihnen wird dort durch den Heiligen Geist – gleichsam als Gnadengabe – ein prophetisches Wort zuteil, durch das sie den neugeborenen Christus erkennen und preisen.

Während der Lobgesang des Zacharias von der bevorstehenden Erlösung „aus der Hand unserer Feinde“ (1, 74) – und damit auch aus der Hand des Todes! – und von dem Wegbreiter des Herrn (1, 76) singt, der „unsere Füße auf den Weg des Friedens“ richten werde, kann Simeon durch das Sehen und Tragen des Heilandes diesen Weg des Friedens nun gehen (2, 28-30).

Der Frieden, der hier gemeint ist, ist im Verständnis des hebräischen Schalom ganzheitlich als Friede, Heil und Leben zu verstehen. Dieser Friede, dieses Leben ist und bringt der Mensch gewordene Gott.

Für Reinmuth verweisen diese vier Alten auf eine „anthropologische Grundkomponente“: „Dem mit dem Altwerden zunehmenden Loslassen der Dinge entspricht eine steigende Bedürftigkeit – praktisch, mental, emotional. In ihr spiegelt sich ein menschliches Grundphänomen wider, das vom Neuen Testament eindringlich benannt wird.“[162] Reinmuth sieht in der liebenden Annahme gerade des fragmen-

[161] Ich sehe in dieser Kontinuität ebenfalls einen Grund für das weitgehende Schweigen des NT über die Altersproblematik. Allerdings ist m. E. der Hauptgrund für dieses Schweigen die Lösung der Altersproblematik durch die Überwindung des Todes in Christus.

[162] A.a.O., S. 155.

tarischen, bedürftigen Lebens – der Alten und der Kinder – durch Jesus eine neutestamentliche Perspektive für das Alter.[163]

M.E. muss diese anthropologische Perspektive ergänzt werden um die theologische Einsicht in das Leben mit Gott, das durch Jesus Christus möglich wird: Die vier Hochbetagten stehen nicht nur für Bedürftigkeit, sondern tragen auch einen großen Schatz an Gotteserfahrung und Frömmigkeit in sich. Sie kennen den Ort, wo sie Frieden und Leben finden können, deshalb sind sie im Tempel. Aber sie kennen auch die Verheißungen über den, der den Tod endgültig überwinden wird: Auf ihn warten sie. Sie verkörpern nicht nur die Schwäche des Alters, sondern auch die Weisheit. Sie sind offen für das Wirken Gottes durch Wort, Geist und Leib (Lk. 1, 11ff. 41ff.; 2, 27ff. 38).

Es ist gewiss kein Zufall, dass das „Nunc Dimittis" des Simeon ins Nachtgebet der Kirche (EG 786.10), in die Sterbeliturgie (z.B. EG 519) und in die Abendmahlsliturgie (z.B. EG 222) eingegangen ist: Im Gottesdienst, im Wort und Sakrament des Heiligen Abendmahls gibt Jesus Christus das Leben, das Er selbst ist.[164]

Und so beziehe ich auf den Gottesdienst – besonders im Altenheim – , was Christus nach dem Zeugnis des Johannes-Evangeliums sagt: „Wer mein Wort hört und glaubt dem, der mich gesandt hat, der hat das ewige Leben und kommt nicht in das Gericht, sondern er ist vom Tode zum Leben hindurchgedrungen." (Joh. 5, 24). „Wer mein Fleisch ißt und mein Blut trinkt, der hat das ewige Leben, und ich werde ihn am Jüngsten Tage auferwecken." (Joh. 6, 54)

„Ich bin der Weg und die Wahrheit und das Leben; niemand kommt zum Vater denn durch mich." (Joh. 14, 6)[165]

---

[163] Vgl. a.a.O., S. 155f.

[164] Francois Bovon schreibt dazu in seinem Lukas-Kommentar: „Das Nunc dimittis wird in der Kirche regelmäßig am Abend vor der an den Tod erinnernden Nacht gesungen." (S. 145). Und das, was Bovon dann schreibt, beziehe ich ganz besonders auf alte Menschen: „Jeder Gläubige darf sich mit Simeon identifizieren, denn jeder lebt noch im Vorletzten, darf aber im Licht der Offenbarung in Frieden auf seinen Tod hinschauen." (S. 151).

[165] Vgl. Lohse, Tod und Leben, S. 131: „Denn der Weg jedes Menschen endet im Tod, in der Nichtigkeit, im Vergehen. Am Ende aller Wege steht nicht die Verlorenheit, sondern Christus als die Wahrheit und das Leben."

3. Historische Einsichten

3.1 Das „erste“ Altenheim?

Klaus Raschzok lässt die Geschichte des Altenheims mit der Industrialisierung beginnen und begründet dessen Notwendigkeit mit den beengten Wohnverhältnissen in den Städten des 19. Jahrhunderts: „Nun wurden kleinere Wohneinheiten geschaffen, die ein Zusammenleben der Generationen, wie es in Agrargesellschaften üblich war, nicht mehr zuließen.“[166] Die Kirchen und andere Wohlfahrtsorganisationen reagierten darauf mit dem Bau von Heimen für alte und pflegebedürftige Menschen, wobei sie „seit den 1920er Jahren ... das dreigliedrige Konzept diakonischer Alters-Institutionen aus den USA übernommen und eingeführt [haben]: Altenwohnheime (mit Selbständigkeit in einer eigenen Wohnung), Altenheime (eigenes Zimmer mit Betreuung) und Altenpflegeheime.“[167] Raschzoks Auffassung, dass das Altenheim ein neuzeitliches Phänomen sei – mit einer Geschichte, die gerade mal ins 19. Jahrhundert und in die USA reicht – dürfte wohl vorherrschend für die Wahrnehmung dieser Institution sein.[168] Zwar erwähnt auch Raschzok, dass die Kirchen bei der Entwicklung ihrer Altenheime „auf alte klösterliche Traditionen“[169] zurückgriffen und erwähnt dabei den Begriff des „Hospizes“[170], aber er geht dann auf diese Traditionen nicht weiter ein. Dadurch geht er über Schätze hinweg, die in der Geschichte verborgen sind, und die seinem Anliegen, dass „in der Gestaltung der Räume und Häuser ... der christliche Glaube durch alle Tätigkeiten ‚hindurchscheinen‘“[171] soll,

[166] Raschzok, Orte: Heim(e) und Mobilität, S. 295.
[167] A.a.O.
[168] Die „Orientierungshilfe“ der EKD „Im Alter neu werden können“ setzt ganz selbstverständlich voraus: „Professionelle Pflege blickt auf eine über 150-jährige Geschichte zurück und hat sich in immer neuen Arbeitsformen dargestellt, von den großen Anstalten der Alten- und Behindertenhilfe bis zur Gemeindeschwester und Sozialstation.“ (S. 66).
[169] Raschzok, S. 295.
[170] Vgl. a.a.O. Bei einem genaueren Blick in die Geschichte zeigt sich: nicht das klösterliche „Hospiz“ ist der Vorläufer des Altenheims, sondern das „Hospital“!
[171] A.a.O., S. 299 unter t. w. Aufnahme eines Zitats von Beate Baberske-Krohs, Unternehmenskultur und Spiritualität im Raum, S.93. Baberske-Krohs stellt dort „Reflexionsfragen zur Raumwahrnehmung: Was sehen Menschen, wenn sie eine diakonische Einrichtung betreten? Was nehmen ihre Sinne wahr? Welche Botschaft vermitteln ihnen diese Sinneseindrücke, welches Bild von Diakonie entsteht daraus?“ Wohl wissend um die Defizite diakonischer Einrichtungen gerade was diese Perspektive betrifft, fragt sie kritisch wei-

sehr hilfreich hätten sein können. Eben deshalb bin ich weiter in die Geschichte zurückgegangen als Raschzok und habe Entdeckungen machen können, die für den Gottesdienst und das geistliche Leben im Altenheim heute wichtige Impulse geben können.

Wann also ist das erste Altenheim gebaut worden? Bis in die Antike war die Fürsorge für die Alten ausschließlich Aufgabe der Familie. Das zweite Gebot des Dekalogs „Vater und Mutter zu ehren" schließt die materielle Versorgung der alten Eltern mit ein. Dass diese Fürsorge für die Alten durch ihre Kinder nicht immer selbstverständlich war, zeigt bereits die Notwendigkeit dieses Gebotes und auch die später von Jesus scharf kritisierte Praxis, sich dieser Fürsorgepflicht durch eine Opfergabe an den Tempel zu entziehen (Mt. 15, 5f.).

Alte Menschen, die keine Kinder (mehr) hatten – insbesondere Witwen – waren ohnehin besonders gefährdet, in Armut abzugleiten. Deshalb stehen Witwen schon im AT unter dem ausdrücklichen Schutz Gottes (Ex. 22, 21). Rechtsvorschriften sollen die Gemeinschaft an ihre Verantwortung für die unversorgten Witwen erinnern (Dtn. 14, 28f.; 24, 17+19). Im NT zeigen sich dann erste Ansätze einer Institutionalisierung der Witwenversorgung (Act. 6, 1-6). In 1. Tim. 5 wird zwar auch die Pflicht der Kinder und Enkel betont, für die verwitwete Mutter bzw. Großmutter zu sorgen. Das Unterlassen dieser Fürsorge wird als „Verleugnung des Glaubens" scharf kritisiert (Vers 8)! Aber Witwen, die bereits über 60 Jahre alt sind (und nicht wieder heiraten, um versorgt zu werden) und keine Kinder oder Enkel haben, sollen von der Gemeinde versorgt werden (Vers 16).

Weil sich die christliche Gemeinde von Anfang an als eine Gemeinschaft von Brüdern und Schwestern versteht und damit zu einer Art „Überfamilie" wird, ist es konsequent, wenn sie für unversorgte alte Gemeindeglieder die Fürsorgepflicht an Kindes Statt übernimmt. Diese Fürsorge ist zudem durch die Achtung vor dem Alter und den Glauben an einen barmherzigen und liebenden Gott, der sich der Witwen und Armen annimmt, motiviert. Und nicht zuletzt hat das Jesuswort: „Was ihr getan

ter: „Nutzen wir dabei die spirituellen Traditionen, die zu unserem Erbe gehören?" (Unternehmenskultur und Spiritualität, S. 93).

habt einem von diesen meinen geringsten Brüdern, das habt ihr mir getan" (Mt. 25, 40b), eine große Wirkungsgeschichte im Blick auf die Fürsorge für bedürftige, alte Menschen entfaltet.

Dass solche alte Menschen allerdings in besonderen Häusern gelebt hätten, ist für die ersten Jahrhunderte der christlichen Gemeinde nirgends erwähnt. Wahrscheinlich sind sie in christlichen Familien aufgenommen worden (vgl. 1. Tim. 5, 16).

Erst mit dem Mönchtum als einer geistlichen Erneuerungsbewegung und einem radikalen Verständnis der christlichen Gemeinschaft als Familie, entstehen die ersten Häuser für Alte und Kranke: Im Übergang vom anachoretischen zum coenobitischen Mönchtum, wie er sich im Mönchsdorf des Basilius von Caesarea in Kappadokien zeigt, wird um 370 n. Chr. das erste Mal von Häusern für Bedürftige (Kranke und Alte) berichtet.[172] Gregor von Nazianz würdigt Basilius als den ersten, der auf diese Weise Kranke selbst pflegt und sie als Brüder in die Gemeinschaft aufnimmt.[173] Augustinus von Hippo und Benedikt von Nursia folgen Basilius in dieser Fürsorge für Bedürftige. In der Regula Benedicti (RB) gibt es Abschnitte, die den Umgang mit kranken und alten Mönchen sowie mit Fremden behandeln. Es ist bemerkenswert, wie Benedikt dabei nicht nur an das Seelenheil der Alten und Kranken denkt, sondern auch ihr leibliches Wohlergehen im Blick hat.[174] Wegweisend ist diese Regel auch in der Motivation der Fürsorge: Sowohl die Infirmi als auch die Hospites sollen wie Christus selbst behandelt werden. Unter ausdrücklichem Bezug auf Mt. 25, 31ff. heißt es in Regel 36 „Über die kranken Brüder": „Die Sorge für die Kranken muss vor und über allem stehen: man soll ihnen so dienen, als wären sie Christus; hat er

[172] Vgl. Jetter, Das europäische Hospital. Von der Spätantike bis 1800, S. 30.

[173] Gregor von Nazianz sagt über Basilius: „Er war es, der der Erste war, in jene zu dringen, die Menschen sein wollten, daß sie ihre Mitmenschen nicht verachten und Christus, das Haupt aller, nicht entehren dürften durch unmenschliche Behandlung eben jener Mitmenschen; vielmehr gezieme es sich für sie, das Unglück der anderen als Gelegenheit zu nutzen, ihr eigenes Los zu sichern, und Gott als Darlehen jene Barmherzigkeit zu gewähren, deren sie selbst aus seiner Hand bedürfen. ... [So] begrüßte er die Kranken als Brüder. ... Er war auch der Erste, der sich ihnen näherte, um sie zu pflegen, als eine Konsequenz seiner Philosophie, ihnen somit nicht nur in Worten bestehende, sondern auch eine stillschweigende Belehrung zuteil werden lassend." (Rede 43, 63).

[174] In RB 36, 7-9 werden ‚soziale Standards' genannt: ein eigener Raum für Kranke, einen gottesfürchtigen Pfleger, ein regelmäßiges Bad und mehr Fleischspeisen als den Gesunden zustehen. (Vgl. S. 193). In RB 37, 2+3 wird über den Umgang mit Alten gesagt: „Immer achte man auf ihre Schwäche. Für ihre Nahrung darf die Strenge der Regel keinesfalls gelten. Vielmehr schenke man ihnen Güte und Verständnis; sie dürfen schon vor der festgesetzten Zeit essen." (S. 195). Gaby Lindenmann-Merz fasst zusammen: „Für Benedikt ist das seelische nicht vom leiblichen Wohlergehen zu trennen." (Infirmarien, S. 41).

doch gesagt: ‚Ich war krank, und ihr habt mich besucht', und: ‚Was ihr einem dieser Geringsten getan habt, das habt ihr mir getan.'"[175] Und in Regel 53 wird unter der Überschrift „Die Aufnahme der Gäste" gesagt: „Alle Fremden, die kommen, sollen aufgenommen werden wie Christus, denn er wird sagen. ‚Ich war fremd, und ihr habt mich aufgenommen.'"[176] Wirkungsgeschichtlich interessant ist, dass die Perikope Mt. 25, 31ff. eine doppelte Motivation der Fürsorge für die Hilfsbedürftigen enthält: Neben den Wunsch, Christus im Hilfsbedürftigen Liebe und Ehre zu erweisen,[177] tritt der schon in der Perikope deutlich angelegte Lohngedanke.[178] Beide Motivationen werden sich später als sehr fruchtbar für den Bau von Hospitälern erweisen. Mit diesen ersten Häusern für hilfsbedürftige Alte und Kranke haben die Mönchsväter die Grundlage für das Hospitalwesen gelegt! Der Medizinhistoriker Dieter Jetter stellt fest, dass es in der Antike keine Hospitäler gab: „Weder griechische Demokratie noch römische Staatskunst haben Hospitäler für Arme und Kranke geschaffen. Erst das Christentum brachte diese neuartige Einrichtung hervor, und zwar weil die Nächstenliebe und das Erbarmen mit den Leiden des Armen und Kranken einen zentralen Platz im Leben dieser Glaubensgemeinschaft einnahmen."[179]

Die hier entstehenden Hospitäler dürfen aber nicht mit einem Krankenhaus im neuzeitlichen Sinn gleichgesetzt werden: Sie sind nicht „Krankenbehandlungsstätten", sondern „letzte Zuflucht" für Arme, Alte und andere Hilfsbedürftige.[180] Das zeigt sich auch darin, dass in Hospitälern keine Ärzte angestellt waren.[181] In diesem Sinn sind sie die ersten Heime für alte Menschen. Allerdings ist nicht das Alter an sich ein

---

[175] RB 36, 1-3 (S. 193).
[176] RB 53, 1 (S. 231).
[177] Vgl. RB 36, 4: „Aber auch die Kranken mögen bedenken, dass man ihnen dient, um Gott zu ehren." (S. 193).
[178] Vgl. RB 36, 5: „Doch auch solche Kranke [mit übertriebenen Ansprüchen, G.N.] müssen ertragen werden, denn durch sie erlangt man größeren Lohn." (S. 193).
[179] Jetter, S. 17.
[180] Vgl. Jetter, S. 16. Die Bezeichnung „Hospital" hat einen Bedeutungswandel erlebt. Wikipedia schreibt unter dem Stichwort „Hospital": „Hospital (bzw. Spital) ist eine in weiten Teilen Deutschlands veraltete Bezeichnung für Pflegeheime und Altersheime. ... In Österreich, der Schweiz und einigen Gegenden Deutschlands wird das Wort heute als Synonym für Krankenhaus verwendet." (S.1).
[181] Vgl. Jetter, S. 85f. Lediglich die großen Hospitäler der Johanniter auf Rhodos und Malta hatten wegen der vielen Kriegsverwundeten fest angestellte Ärzte und sogar Apotheken. Vgl. von Ballestrem, Die Hospitalität des Ordens, S. 262 und S. 266f.

Grund für die Aufnahme in einem solchen Hospital, sondern die Hilfsbedürftigkeit:[182] Alte wurden genauso aufgenommen wie Kranke, Fremde und Arme. Die Bezeichnung „Arme“ wird zum Oberbegriff für sie alle.[183] Neben einzelnen Klöstern nehmen sich auch Bischöfe der Armen in ihren Städten an: Im spanischen Merida ließ Bischof Masona um 590 n. Chr. ein Hospital für Kranke, Alte und Pilger errichten, in dem alle Bedürftigen Zuflucht fanden, Sklaven und Freie, Christen und Juden![184] Doch noch gibt es nur sehr wenige Hospitäler. Erst ab dem 9. Jahrhundert kann man vom Hospital als einer Institution sprechen:

3.2 Das Hospital

Im Jahre 817 bestimmt das Konzil von Aachen, dass jedes Kloster auf dem Land und jede Hauptkirche in der Stadt über ein Hospital verfügen muss.[185] Um die Klosterkirche herum waren nun drei Gebäude zu finden, die ähnlichen Zwecken dienten: Südwestlich an die Kirche ist das Hospitale Pauperum gebaut. Arme (d.h. Kranke und Alte) und Pilger[186] wohnen dort. Im Nordwesten steht das Hospitium, die Unterkunft für reiche Gäste, und im Osten schließt sich an die Klausur das Infirmarium für alte und kranke Mönche an.[187] Als Vorläufer unserer Altenheime muss v.a. das Hospitale Pauperum (im Folgenden nur „Hospital“ genannt) gelten, da das Hospitium eine Herberge für durchreisende, gesunde Wohlhabende ist, und das Infirmarium bis heute exklusiv nur Mönchen vorbehalten ist. Das Hospital selber hat in den Jahrhunderten eine vielfältige Entwicklung durchgemacht, die – wie der Sprachgebrauch belegt – schließlich in der Neuzeit einerseits zum Altenheim und andererseits zum Krankenhaus geführt hat. Neben den Klöstern sind die Ortsbischöfe Erbauer von Hospitälern:

---

[182] Gerade darin liegt eine Parallele zur heutigen Situation: Auch heute ist nicht das Alter an sich, sondern die Pflegebedürftigkeit der Grund für einen Umzug ins Altenheim.

[183] Vgl. Steinmaier: „Alle, die infolge von Krankheit, Gebrechen oder Alter ohne Arbeit oder Einkünfte waren, nannte das Mittelalter ‚Arme‘.“ (St. Jobst, S. 36).

[184] Vgl. Jetter, S. 34.

[185] Vgl. Kanon 141 bei Steinmaier, St. Jobst, S. 55, Anm. 4. Vgl. auch Wikipedia, Art. „Hospital“, S. 1.

[186] Die lateinische Bezeichnung für Pilger „hospites“ hat dem Hospital seinen Namen gegeben (vgl. Jetter, S. 10). „Pilger“ bzw. „Fremdling“ konnte aber bereits im NT auch eine Selbstbezeichnung für Christen sein (1. Petr. 1, 1; Hebr. 13, 14). Damit gehörte das „Elend“ (etymolog. von „Ausland“, „Fremde“) wesentlich zur christlichen Existenz dazu.

[187] Vgl. Jetter, S. 39.

Domspitäler entstanden bald in vielen größeren Städten. Diese Hospitäler waren wie die Hospitäler der Klöster unmittelbar an die Westseite der Kirche angebaut.

Die weite Verbreitung des Hospitals in Europa hängt schließlich mit spezifischen, teilweise zeitlich begrenzen Notlagen zusammen:

Die Blütezeit des Hospitals und seine rasche Ausbreitung über ganz Europa beginnt im 12. Jahrhundert. Eine Ursache sind die Kreuzzüge: Auf dem Weg ins Heilige Land entstehen nun Hospitäler für Pilger und verwundete Kreuzfahrer: Im Jahr 1113 gründet Gerhard, der Vorsteher des Hospitals von Jerusalem, mit päpstlicher Genehmigung den ersten Krankenpflegeorden der Christenheit, den Johanniterorden.[188] Ihm gehören Waffen tragende Ritter an, die nach den drei evangelischen Räten (Keuschheit, Armut und Gehorsam) leben und die in ihrem Ordensgelübde u. a. versprechen „Diener und Sklave zu sein unseren Herren Kranken."[189] Ebenso wie der Deutsche Orden haben die Johanniter später nicht nur Hospitäler auf dem Weg ins Heilige Land errichtet und betreut, sondern auch Hospitäler in vielen europäischen Städten.[190]

Mit den Kreuzzügen hängt ein weiterer Grund für den Bau von Hospitälern zusammen: Die aus dem Orient eingeführte Seuchen Lepra und Pest machten Hospitäler speziell für diese Krankheiten notwendig.

Aber v. a. gesellschaftliche Veränderungen führten zu den Hospitalbauten, die als direkte Vorläufer unserer Altenheime angesehen werden können: „Seit dem 12. Jahrhundert ist ein Umbruch in der Struktur der mittelalterlichen Gesellschaft zu beobachten. In den wachsenden Städten übernahmen zunehmend auch andere Institutionen als Familie, Grundherrschaft und Klöster die Aufgabe der Versorgung im Fall von Krankheit, Invalidität und Alter: Die sozialen Aufgaben gingen ... in erster Linie auf die neu entstandenen geistlichen und weltlichen Orden und in den Städten auf die Stadtverwaltungen über."[191]

[188] Vgl. von Ballestrem, Die Hospitalität des Ordens, S. 257.
[189] A.a.O. Auch hier ist der Bezug zu Mt. 25, 36 deutlich herauszuhören.
[190] Vgl. Jetter, S. 44ff.
[191] Lindenmann-Merz, S. 35. Wenn Raschzok die Entstehung der Altenheime zurückführt auf die Landflucht und die damit verbundene Auflösung der dörflichen Großfamilie und die neue Wohnsituation in den Städten,

Waren die Hospitäler bis dahin ausschließlich eine Angelegenheit der Klöster bzw. des Bischofs, entstehen nun neue Orden wie die Johanniter und andere Laienbruderschaften und -schwesternschaften[192], die sich der Hospitäler annehmen und sich zunehmend von der bischöflichen und klösterlichen Vorherrschaft emanzipieren. Doch bevor die weitere geschichtliche Entwicklung am Beispiel eines solchen Hospitals, des Heilig-Geist-Hospitals zu Lübeck, betrachtet wird, sollen zunächst zwei Charakteristika des mittelalterlichen Hospitals in den Blick genommen werden, die nachdenkenswerte Impulse für die gegenwärtige spirituelle Situation im Altenheim enthalten:

3.2.1 „In der Nähe des Heiligen"

Über die alte Prophetin Hanna berichtet der Evangelist Lukas: Sie „wich nicht vom Tempel und diente Gott mit Fasten und Beten Tag und Nacht." (Lk. 2, 37b). Im biblisch-theologischen Teil dieser Arbeit habe ich die heilsame Wirkung der Gottesnähe für altersschwache Menschen herausgestellt. Die Exegese von Psalm 71 zeigte die heilsame Wirkung des Gotteslobs im Tempel. Ich habe in der exegetischen Literatur zu Lk. 2, 36-38 keinen Hinweis darauf gefunden, dass es im Bereich des Tempels einen Ort gegeben habe, an dem andere alte, fromme Menschen wie Hanna ständig gelebt hätten. So lebte sie als Prophetin zeichenhaft etwas, was in der Theologie des Tempels angelegt ist und später einmal Wirklichkeit sein wird: Viele Jahrhunderte nach ihr werden Alte und Kranke im Hause Gottes wohnen! Steinmaier stellt fest: „Das Mittelalter kennt kein Krankenhaus in unserem Sinn, sondern nur ein Gotteshaus für Kranke."[193]

Das verdeutlicht bereits die bauliche Anlage der Hospitäler. Sie werden nicht nur in unmittelbarer Nähe zur Kloster- bzw. Bischofskirche gebaut, sondern die Hospitalsäle sind oft selbst wie eine Kirche gebaut: Im Langhaus stehen die Betten der Alten und Kranken: „Der Kranke blickte von seinem Lager aus nach Osten, wo ... ein

---

dann nennt er zwar den entscheidenden Grund, verkennt aber, dass diese Entwicklung nicht erst mit der Industrialisierung im 19. Jahrhundert einsetzte, sondern bereits im 12. Jahrhundert!

[192] Hier hat das Vorbild der Elisabeth von Thüringen eine starke Wirkung entfaltet (s. u. 3.2.2).

[193] Steinmaier, S. 51.

Altar stand, so daß jeder Patient bei Tag und Nacht, im Leiden, vor allem aber auch beim Sterben am Gottesdienst teilnehmen und so einen guten Tod haben konnte."[194] So beschreibt Jetter das ‚Hotel-Dieu' (=Hospital) des Bischofs von Paris, das typisch für die meisten Hospitalbauten ist.[195] Um in dieses Hospital zu gelangen, musste man zuvor durch eine Eingangshalle, in der wiederum eine Kapelle war, „als Ort des Dankes und der Fürbitte, als Stätte einer geistigen Reinigung. Nur wer diese Eingangszone wie eine Schleuse durchquert hatte, gelangte schließlich in die weiten Hallen des Hotel-Dieu"[196]. Dieser Beobachtung entspricht die Tatsache, dass ein Kranker oder Alter erst beichten und kommunizieren musste, bevor er ins Hospital aufgenommen wurde.[197] Beichte und Kommunion prägen das Leben im Hospital: „Nach Möglichkeit sollen die Kranken den Altar in Blickweite oder zumindest Hörweite haben. Da Krankheit nach Anschauung des Mittelalters durch Sünde verursacht ist, sind Beichte und Kommunion die entscheidenden Heilmittel."[198] Aber noch wichtiger als diese „therapeutische Funktion" des Sakraments als Mittel zur leiblichen Heilung der Kranken, ist dessen „soteriologische Funktion" als viaticum für die „letzte Wegstrecke" – ein „guter Tod" ist das Ziel in den Hospitälern für alte Menschen.[199]

Die große Bedeutung der optischen und akustischen Verbindung zum Altar veranschaulicht die Sinnenhaftigkeit mittelalterlicher Frömmigkeit, die erst die gegenwärtige Praktische Theologie wieder zu schätzen beginnt und die eine entscheidende Rolle im liturgietheoretischen und praktischen Teil meiner Arbeit spielen wird. So wie der alte Simeon den Heiland sehen wollte, um in Frieden seinen letzten Weg gehen zu können, so sollten auch die Hospitalbewohner von ihren Lagern aus den Altar

---

[194] Jetter, S. 47f.
[195] Wienand nennt insgesamt fünf Bautypen von mittelalterlichen Hospitälern, die alle die optische und / oder akustische Verbindung des Kranken zum Altar gewährleisten: 1. Der Krankensaal mit einem Altar im Osten oder 2. mit einem eigenem Chorraum im Osten (bei größeren Hospitälern), 3. der Krankensaal neben einer Kapelle oder Kirche (durch Fenster und Tür verbunden), 4. der Krankensaal im Obergeschoß einer Kirche (Empore) mit Fenster zum Altarraum und 5. der Krankensaal über einer Kirche (Dachgeschoß) durch eine Öffnung über dem Altar akustisch mit diesem verbunden.
Vgl. Wienand, Die Hospitalkirche der Johanniter als Bautypus, S. 409.
[196] Jetter, S. 48.
[197] Vgl. Wienand, S. 409.
[198] Steinmaier, S. 51.
[199] Vgl. Jetter, S. 51 und 111f.

und somit bei der täglichen Messe in den Hospitälern[200] den bei der Elevation emporgehobenen Leib Christi sehen können.[201]

Entsprechend diente auch das Bildprogramm in den Hospitälern der Vorbereitung auf das Sterben: Darstellungen vom Jüngsten Gericht sollten die notwendige Bußgesinnung fördern,[202] der Blick auf gemarterte Heilige und v. a. auf den Gekreuzigten[203] sollte Trost spenden. Im gläubigen Schauen konnte so der im exegetischen Teil beschriebene Weg vom Gericht zur Gnade gegangen werden

Kritisch angemerkt werden muss allerdings, dass das Hören von Gottes Wort in vorreformatorischer Zeit hinter das Sehen zurückgedrängt war: Zwar wurden Kranken und Sterbenden u. a. auch biblische Texte vorgelesen, wie später im Zusammenhang der ars moriendi-Literatur noch ausgeführt wird, aber ansonsten wurden die täglichen Messen und die Stundengebete lateinisch gehalten. Die Gottesdienste waren ohne Predigt, was ich aus dem Fehlen einer Kanzel im mittelalterlichen Hospital schließe. Außerdem waren die meisten Messen keine Gemeindegottesdienste, sondern Seelenmessen, die für die Stifter und Wohltäter der Hospitäler gehalten wurden.[204]

3.2.2 Das Hospital als geistliche Gemeinschaft

Die monastischen Wurzeln des Hospitals prägen es auch dann noch, als es sich schon vom Kloster gelöst hat. Seit einem Dekret von Papst Clemens V. aus dem Jahr 1312 mussten Hospitäler nicht mehr zwingend klösterliche bzw. parochiale Einrichtungen sein. „Jedermann konnte nun zum Heil seiner Seele ein Hospital gründen und auf eigene Rechnung betreiben, musste aber die Erlaubnis des Bischofs einholen, wenn er eine Spitalkirche, Kapelle, einen Altar oder einen Friedhof eingliedern und

[200] Vgl. Frank, Die Sorge um das Seelenheil in italienischen, deutschen und französischen Hospitälern, S. 217.
[201] Kritisch angemerkt sei, dass diese sog. „Augenkommunion" im Mittelalter die eigentliche Kommunion stark in den Hintergrund gedrängt hatte.
[202] Vgl. Jetter, S. 67 und 70f. Vgl. auch Meyer, Das Proprium des spätmittelalterlichen und frühneuzeitlichen Hospitals, S. 262.
[203] Vgl. Jetter, S. 202.
[204] Vgl. Frank, Seelenheil, S. 219f.

einen Spitalgeistlichen einstellen wollte."[205] So gab es z. B. in Nürnberg neben den älteren Hospitälern ab dem 14. Jahrhundert Hospitäler auf Stiftungsbasis, die vom Rat der Stadt geführt wurden, und solche, die von privaten Stiftern geleitet wurden.[206] Steinmaier nennt diese Entwicklung eine „Verbürgerlichung der Spitäler“[207]. Aber alle diese verschiedenen Hospitäler lassen noch ihre monastischen Wurzeln erkennen: So wie schon bei Basilius pflegende Mönche und Pflegebedürftige eine Gemeinschaft waren, so bleibt dieser Charakter des Hospitals als einer geistlichen Gemeinschaft erhalten! Dafür gibt es mehrere Gründe:

Ein Grund ist die bereits mehrfach genannte, auf Mt. 25, 31ff. basierende *Würde der Hilfsbedürftigen* als Repräsentanten Christi. Deshalb werden sie – wie ausgeführt – von den Johannitern „unsere Herren Kranken“ genannt und entsprechend behandelt. Populäre Heilige des 12. und 13. Jahrhunderts wie Franz von Assisi und Elisabeth von Thüringen lebten ein Armutsideal, das gerade in Armen und Kranken die bevorzugten Brüder und Schwestern erkennt, deren Dienst man sein Leben weiht. Insbesondere Elisabeth von Thüringen hat eine starke Vorbildwirkung für den Bau von Hospitälern und den Dienst darin ausgeübt: Ihr Leben steht programmatisch unter den sechs Werken der Barmherzigkeit, die aus Mt. 25, 31ff. abgeleitet sind: Hungrige speisen, Durstige tränken, Fremde beherbergen, Nackte kleiden, Kranke und Gefangene besuchen.[208] Die weit verbreitete Legenda Aurea des Jacobus de Voragine aus dem 13. Jahrhundert erzählt von diesen Werken der Barmherzigkeit im Leben der Elisabeth.[209] Sie berichtet, wie Elisabeth schon unterhalb der Wartburg ein erstes Haus für Kranke und Alte erbauen ließ[210] und später von ihrem Witwengeld ein Hospital in Marburg, in dem sie selbst als einfache Pflegerin Kranken und Alten diente. Sie badete die Lahmen und brachte sie ins Bett und sagt darüber: „Wie geschieht uns doch Gutes, da wir auf diese Weise den Herrn baden und zudecken.“[211]

---

[205] Wikipedia, Art. „Hospital“, S. 1.
[206] Vgl. Steinmaier, S. 58.
[207] A.a.O., S. 56.
[208] Als siebtes Werk der Barmherzigkeit kam im Mittelalter noch dazu: Tote begraben (vgl. Frank, Seelenheil, S. 216).
[209] Vgl. Legende Aurea, S. 390.
[210] Vgl. a.a.O., S. 391.
[211] A.a.O., S. 400.

Aber die Bedürftigen sind nicht nur in besonderer Weise „Repräsentanten Christi“ sondern auch „Nachfolger Christi“ durch Armut und Leid. Damit hängt der zweite Grund für ihre geistliche Bedeutung in der Gemeinschaft des Hospitals zusammen: Sie hatten die *Aufgabe der Fürbitte* für Stifter, Wohltäter und Mitarbeiter des Hospitals, galt doch ihre Fürbitte als besonders wohlgefällig bei Gott.[212] Das geistliche Leben im Hospital war geprägt von der Vorstellung einer Art „Tauschbeziehung“[213]: Reiche Stifter und Wohltäter sorgten für den materiellen Wohlstand des Hospitals, die Bedürftigen sorgten ihrerseits durch ihre Fürbitten für das Seelenheil jener Wohltäter. Frank spricht in diesem Zusammenhang von einer „Symbiose von caritas und memoria“[214].

Entgegen einer weit verbreiteten Auffassung ist diese „Tauschbeziehung“ keine mittelalterliche Erfindung, sondern sie wird schon in urchristlicher Zeit praktiziert. Im „Hirt des Hermas“ aus der ersten Hälfte des zweiten Jahrhunderts[215] heißt es: „Der Reiche hat Güter, ist aber in den Augen des Herrn ein Armer, da er von den Sorgen des Reichtums abgelenkt wird. Und sehr selten nur übt er sich im Dank- und Bittgebet zum Herrn, und wenn er es tut, so ist es kurz, schwach und hat auch keine andere Kraft. Wenn sich nun der Reiche auf den Armen verläßt und ihm das zum Leben Notwendige darbietet, so glaubt er seinen Lohn bei Gott zu finden, wenn er für den Armen tätig ist. Denn der Arme ist reich in seinem Bitt- und Dankgebet, und sein Gebet hat bei Gott große Kraft. So unterstützt der Reiche den Armen in allem, ohne zu zaudern; und der vom Reichen unterstützte Arme betet zu Gott, wenn er ihm dankt, zugleich für den, der ihn beschenkt.“[216] Diese Aufgabenteilung lässt sich m. E. – in bestimmten Grenzen – mit dem biblischen Bild der Kirche als dem Leib Christi und den dementsprechenden verschiedenen Gaben und Aufgaben der einzelnen Glieder begründen. Diese Grenzen sind allerdings in der mittelalterlichen Ablasspraxis, in die auch das Hospitalwesen verstrickt war, deutlich überschritten worden.[217] Den Grund-

---

[212] Vgl. Steinmaier, S. 166f.
[213] Frank, S. 216.
[214] A.a.O., S. 215.
[215] Vgl. Die Apostolischen Väter, S. 325.
[216] Hirt des Hermas 51, 5f. in: Die Apostolischen Väter, S. 429+431.
[217] Vgl. Frank, Seelenheil, S. 217.

gedanken allerdings, dass das Hospital ein Ort der Fürbitte für Stadt und Land ist, halte ich für sehr bedenkenswert, nicht zuletzt deswegen, weil die Bedürftigen dadurch nicht allein die Rolle von Almosenempfängern haben, sondern auch als Partner in einer wichtigen Wechselbeziehung ernst genommen werden! Zudem nehmen sie diese Aufgabe zusammen mit den pflegenden Brüdern und Schwestern und den Hospitalgeistlichen wahr, zwar jeder in besonderer Weise, aber doch auch gemeinschaftlich, so dass Frank hier sogar von einem „ordo" sprechen kann.[218] Zu dieser Gemeinschaft können je nach Art des Hospitals verschiedene Gruppen gehören: Stifter und Wohltäter, pflegende Brüder und Schwestern, sog. „Pfründner" (Bürger, die sich durch eine Geldgabe das Recht auf einen Hospitalplatz im Alter erkauften)[219] und die „Armen"[220]: Während die Priester Messen für die Wohltäter lesen, sprechen die Armen eine vorgeschriebene Anzahl von Vaterunsern und Ave Maria.[221] Gemeinsam mit den Pflegenden beten sie.

Andreas Meyer beschreibt diese geistliche Gemeinschaft so: „Die beiden Gemeinschaften des Personals und der Insassen bildeten Tag für Tag nicht nur eine Gebets- und eine Gedächtnisvereinigung, sondern eben auch eine Gemeinschaft von Lebenden und Toten, weshalb oft ein Friedhof zum Hospital gehörte."[222] Die besondere Hochschätzung des Hospitals als Ort der Fürbitte lässt sich mit Frank damit erklären, „daß Hospitäler mehr als jede andere kirchliche oder weltliche Institution an der Schwelle zwischen Leben und Tod agierten"[223].

Zur Gemeinschaft im Hospital ist abschließend zu sagen, dass es nicht wenige Hospitäler gab, in denen Hospitalbewohner selbst für die Pflege zuständig waren. Das war dann möglich, wenn das Hospital mehr Wohnheim als Krankenhaus war, wie es z. B. bei Aussätzigenhospitälern[224], aber auch bei Hospitälern für ältere Menschen der Fall war![225] Solche „Hospitalgemeinschaften" lebten dann als Laienbruder- oder

[218] A.a.O., S. 217.
[219] Vgl. a.a.O., S. 219.
[220] Vgl. a.a.O., S. 218f.
[221] Vgl. Steinmaier, S. 166.
[222] Meyer, Das Proprium des spätmittelalterlichen und frühneuzeitlichen Hospitals, S. 264.
[223] Frank, S. 224.
[224] Vgl. Steinmaier, S. 44.
[225] Vgl. Krabbenhöft, Das Heiligen-Geist-Hospital, S. 31.

-schwesternschaften nach den drei evangelischen Räten, trugen eine einheitliche Tracht und hatten bestimmte religiöse Pflichten zu erfüllen, wie die erwähnten Fürbitten, regelmäßige Beichte und Kommunion und das Einhalten gewisser Fastentage.[226] Ein Beispiel für so ein weitgehend „selbst verwaltetes“[227] Hospital ist das Heiligen-Geist-Hospital in Lübeck:

3.2.3 Das Heiligen-Geist-Hospital zu Lübeck[228]

Die aktuelle Informationsbroschüre der „SeniorInneneinrichtungen der Hansestadt Lübeck“ beginnt ihren ersten Abschnitt „Die städtischen Senioreneinrichtungen“ mit folgendem Absatz: „Die Fürsorge für ältere Menschen hat in Lübeck seit alters her einen besonderen Stellenwert. So ist das Heiligen-Geist-Hospital schon seit dem 13. Jahrhundert als Einrichtung für ältere Menschen bekannt.“[229] Und die Darstellung des heutigen „Altenpflegeheims Heiligen-Geist-Hospital“ beginnt unter der Überschrift „... früher und heute“: „Im Jahr 1286 wurde als Stiftung Lübecker Kaufleute inmitten der Altstadt auf dem Koberg das Heiligen-Geist-Hospital fertig gestellt. Über die Jahrhunderte bis zum heutigen Tage dient das Hospital alten und bedürftigen Menschen als Heimstatt.“[230]

Die Kontinuität in der Nutzung des Hospitals für alte Menschen bis heute macht gerade dieses Hospital für die historische Betrachtung so interessant: Am Heiligen-Geist-Hospital zu Lübeck kann die über 700-jährige Geschichte eines Altenheims studiert werden!

Das Patronat des Heiligen Geistes für Hospitäler ist weit verbreitet. Das „Erzspital der Christenheit“[231] an der Peterskirche auf dem Vatikan aus karolingischer Zeit, das Arcispedale di Santo Spirito in Sassia, trägt diesen Namen. An dieses Hospital

---

[226] Vgl. Steinmaier, S. 44; Krabbenhöft, S. 31.
[227] Steinmeier gebraucht dieses moderne Wort für die erstaunlich „modernen“ Zustände im Mittelalter! Vgl. S. 44.
[228] Im Rahmen der Anfertigung dieser Arbeit habe ich am 6. Juli 2010 das Heiligen-Geist-Hospital in Lübeck besucht und dort sowohl von dem Leiter der „Stiftung Heiligen-Geist-Hospital“ Klaas-Peter Krabbenhöft als auch von dem Heimleiter des „Altenpflegeheims Heiligen-Geist-Hospital“ Wolfgang Moll fachkundige Führungen durch die Gebäude mit vielen wertvollen Informationen bekommen.
[229] Städtische SeniorInneneinrichtungen, S. 5.
[230] A.a.O., S. 48.
[231] Jetter, S. 52.

knüpfte der Orden vom Heiligen Geist an, eine 1180 in Montpellier gegründete Bruderschaft, die sich der Kranken- und Armenfürsorge verschrieben hatte.[232] Bald wurde das römische Erzhospital Hauptsitz dieses Ordens, dem in Frankreich, Italien und Deutschland einige Heilig-Geist-Hospitäler unterstanden.[233] Davon angeregt, aber rechtlich unabhängig, wurden seit dem 13. Jahrhundert über 700 Heilig-Geist-Hospitäler in Italien, Frankreich und Deutschland als selbständige Stiftungen gegründet.[234] Die Voraussetzung dafür hatte Papst Innocenz III. geschaffen, indem er erlaubte, dass Hospitäler vom Orden des Heiligen Geistes auch unter weltlicher Verwaltungshoheit stehen dürfen.[235] Zu dieser großen Gruppe gehört auch das Heiligen-Geist-Hospital zu Lübeck, das eine Stiftung reicher Lübecker Patrizierfamilien war.[236]

Bevor ich nun die Geschichte dieses Hospitals im Blick auf das geistliche Leben darin beschreibe, möchte ich noch auf einen inhaltlichen Aspekt des Patronats des Heiligen Geistes hinweisen: Ich habe zwar in der Literatur neben der o. g. formalen Begründung des Patronats keinen inhaltlichen Hinweis darauf gefunden, warum gerade der Heilige Geist als Schutzpatron für Hospitäler so beliebt war.[237] Aber mir ist aufgefallen, dass ER schon bei der Entstehung des ersten Hospitals unsichtbar Pate gestanden hat: Basilius von Cäsarea war ja nicht nur der Gründer des ersten Hospitals, sondern auch ein renommierter Theologe, der sich v. a. mit der Bedeutung und Wirkung des Heiligen Geistes beschäftigt und das bedeutende Werk „De Spiritu Sancto“[238] verfasst hat. Gerade auf dem Weg in die Ewigkeit ist der Geist Tröster und

---

[232] Vgl. Wikipedia, Art. „Brüder vom Orden des Heiligen Geistes“, S. 1.
[233] Vgl. Jetter, S. 90.
[234] Jetter korrigiert auf S. 90 die von Rudolf Virchow vertretene These, alle Heilig-Geist-Hospitäler hätten dem Orden unterstanden. (Diese These wird noch vom o g. Artikel von Wikipedia vertreten.)
[235] Vgl. Stolle, Pfingsten im September, S. 8.
[236] Vgl. Krabbenhöft, Das Heiligen-Geist-Hospital, S. 3.
[237] Eine Deutung fand ich in einer Predigt von Joseph Ratzinger: „Die christliche Kultur hat nicht nur die Kathedralen zur Ehre Gottes gebaut, sondern sie hat ebenso die Spitäler für die Kranken und die Alten errichtet, auch dies zur Ehre Gottes, den sie im leidenden Menschen ehrte. Sie hat diese Spitäler unter den besonderen Schutz des Heiligen Geistes gestellt, der die göttliche Liebe, die Liebe zwischen Vater und Sohn ist: Ihn hat man verehrt im Mitlieben mit seiner Liebe; seinem Trost hat man die anvertraut, die in besonderer Weise des Trostes bedurften.“ (Christlicher Glaube und Europa, S. 15).
[238] „Über den Heiligen Geist“ hat Basilius im 374 n. Chr. verfasst hat – vier Jahre nach Gründung des „ersten Altenheims“ durch ihn! (Vgl. Fontes Christiani, Bd. 12, S. 33).

Führer.[239] Die erste Strophe von Martin Luthers Pfingstlied „Nun bitten wir den Heiligen Geist“, die er aus einer Vorlage aus dem 13. Jahrhundert – dem Gründungsjahrhundert der meisten Heilig-Geist-Hospitäler – übernommen hat, kann programmatisch über den Hospitälern überhaupt stehen:

> „Nun bitten wir den Heiligen Geist um den rechten Glauben allermeist,
> daß er uns behüte an unserm Ende, wenn wir heimfahrn aus diesem Elende.
> Kyrieleis.“[240]

3.2.3.1 Von den Anfängen bis zur Reformation

Bereits vor 1234 existierte ein gleichnamiger Vorgängerbau des Hospitals an anderer Stelle in Lübeck. Die Stadt Lübeck, erst 1143 gegründet, aber durch den Ostseehandel und die Führungsrolle in der bald entstandenen Hanse zur zweitgrößten deutschen Stadt (nach Köln) geworden, war reich und selbstbewusst. Und so ließ „der Rat der Stadt ohne Zustimmung des Bischofs das Hospital mehr zur Versorgung und Unterbringung alter Bürger als zur Krankenpflege“[241] bauen. Der Bischof befürchtete, die Lübecker Bürger könnten sich dadurch ihrer Christenpflicht entziehen, für ihre alten Angehörigen persönlich zu sorgen, und diese ins Hospital abschieben.[242] So gab er keine Genehmigung für die Errichtung eines Altars und die Anstellung eines Priesters im Hospital. Erst als die Bewohner des Hospitals sich in bruderschaftlicher Weise organisierten und Regeln für das Zusammenleben in Anlehnung an die Regeln des Johanniterordens annahmen, gab der Bischof nach. Doch als der Rat statt eines Altars im Hospital gleich eine ganze Kirche baute, da zog der Bischof seine Erlaubnis zornig zurück. Aber der Rat war nicht bereit nachzugeben: Er wandte sich kurzerhand an den Deutschen Orden in Lübeck, der unabhängig vom Bischof war, und bekam so einen Deutschordenspriester für das Hospital. Die Machtverhältnisse in Lübeck müs-

---

[239] Folgende Zitate dazu entdeckte ich in „De Spiritu Sancto“: „Ja, durch den Geist werden die Herzen erhoben, die Schwachen bei der Hand genommen, die Fortschreitenden zur Vollendung geführt.“ (Kap. 9, 23, Fontes, S. 141) „Durch die Gnade des Geistes geschieht die Erlösung von den Sünden. ... Die Hinführung in die Vertrautheit mit Gott geschieht durch den Heiligen Geist ... . Die Auferstehung von den Toten vollzieht sich durch die Wirkung des Geistes“ (Kap. 19, 49, Fontes, S. 223).

[240] EG 124, 1. Vgl. auch Luthers Bezug auf diese Strophe in seinem „Sermon von der bereytung zum sterben“ aus dem Jahr 1519 (s. Punkt 3.2.3.2 dieser Arbeit).

[241] Krabbenhöft, S. 3.

[242] Vgl. Stolle, S. 9.

sen so eindeutig zugunsten des Rats gestanden haben, dass es der Deutsche Orden sogar hinnahm, dafür vom Lübecker Bischof exkommuniziert zu werden.[243]

Erst ein neuer Bischof erkannte die Zeichen der Zeit und wechselte von der Konfrontation zur Kooperation: 1263 erließ er auf Bitten des Konvents der im Hospital vereinigten Brüder und Schwestern eine Ordensregel über das geistliche Leben, die Disziplin, die Ökonomie und die Verwaltung.[244] Die Aussagen über das geistliche Leben verraten die monastischen Wurzeln: Wer in das Hospital aufgenommen werden wollte, musste zuvor die Beichte ablegen.[245] „Alte Leute, die im Hospital ihren Lebensabend verbringen wollen, mussten eine Probezeit von einem Jahr und einem Tag vollenden. Wer sich innerhalb dieser Zeit dafür entschied, wieder zu gehen, erhielt sein eingebrachtes Eigentum abzüglich der verursachten Kosten zurück. Wollte er bleiben, musste er das Gelübde der Armut, der Keuschheit und des Gehorsams ablegen. Danach war ein Austritt nicht mehr möglich, außer unter Zurücklassung des Besitzes. Die Hospitalordnung (Regel) von 1263 enthielt weitere Vorschriften für das Leben im Hospital. Vorgeschrieben wurden Fasttage und das Tragen eines Kleides aus ungefärbter Schafwolle, die Beichte und das tägliche Beten für die Wohltäter des Hauses."[246] Dieses Gebet geschah in der Form von sieben Vaterunsern dreimal am Tag.[247]

Das Hospital lebte nicht nur von den reichen Stiftungen der Wohltäter außerhalb des Hauses. Auch die Bewohner leisteten einen finanziellen Beitrag: „Wem das Hospital als Altersruhesitz diente, zahlte einen einmaligen Betrag, der ihm Kost und Logis auf Lebzeiten sicherte."[248] Das so erworbene Recht wurde „Pfründe"[249] genannt. Ein Bewohner, der sich auf diese Weise in das Hospital „einkaufte", war ein Pfründner. Diese Art der Finanzierung wurde zur Regel gerade für die Hospitäler, die alten Menschen einen gesicherten und geistlich wie leiblich gut versorgten Lebensabend garantieren wollten. Auch das Heilig-Geist-Hospital in Nürnberg, 1331 vom reichen

---

243 Vgl. Krabbenhöft, S.3f.
244 Vgl. Plessing, Das Heilige Geist Hospital in Lübeck, S. 6f.
245 Vgl. Krabbenhöft, S. 30.
246 Krabbenhöft, S. 31.
247 Vgl. Stolle, S. 13.
248 Krabbenhöft, S. 28.
249 A.a.O.

Patrizier Konrad Gross gegründet, war eines von vielen nun entstehenden „Pfründ- und Versorgungshäusern der Alterssicherung auf Lebenszeit“[250]. Aber sowohl in Nürnberg als auch in Lübeck sollten neben diesen Pfründnern auch mittellose Alte aufgenommen werden.[251]

Die Ordensregel von 1263 verrät auch einiges über die Organisation des Lübecker Heiligen-Geist-Hospitals: Die Brüder und Schwestern wählten aus ihrer Mitte einen „Meister“, der für die Ordnung und die Versorgung im Hospital zuständig war.[252] Ihm wurde spätestens ab 1335 eine „Meisterin“[253] an die Seite gestellt, die sich besonders der Schwestern – also der alten Bewohnerinnen – annahm und für die Pflege der Kranken zuständig war.[254] Beide waren sowohl dem Bischof (in geistlichen Angelegenheiten) als auch den „provisores“, den weltlichen Vorstehern aus dem Rat, Rechenschaft und Gehorsam schuldig.[255]

Als das erste Heiligen-Geist-Hospital 1276 bei einem Stadtbrand zerstört wurde, baute der Rat der Stadt auf dem Koberg ein neues Heiligen-Geist-Hospital, das 1286 geweiht wurde und bis heute im Wesentlichen erhalten ist. Schon diese neue Lage demonstriert wieder die Emanzipation vom Bischof: Während der Dom am Südrand der Altstadt liegt, befindet sich der Koberg am äußersten Nordrand! Und auch der Bau selbst auf einem 10.000 m^2 großem Areal zeugt von großem Selbstbewusstsein: Selbstverständlich wird an der traditionellen Zuordnung von Hospitalhalle und Kirche in einem Gebäude festgehalten. Aber die Hospitalhalle befindet sich nicht wie sonst im Westen des Altarbezirkes, sondern im Osten! Städtebauliche Zwänge können dafür nicht der Grund gewesen sein, da der Koberg zu jener Zeit gerade erst neu bebaut wurde und also genug Platz gewesen wäre, traditionell zu bauen. Warum wird also die Hospitalhalle östlich der sehr kurzen (zwei Joch tiefen) aber breiten (dreischiffigen) Kirche, unmittelbar hinter dem an der Ostwand befindlichen Altar gebaut,

[250] Steinmaier, S. 56.
[251] Vgl. a.a.O., und Plessing, S. 219.
[252] Vgl. Krabbenhöft, S. 27.
[253] Vgl. Plessing, S. 176.
[254] Vgl. Krabbenhöft, S. 30.
[255] Vgl. Krabbenhöft, S. 27, und Plessing, S. 9.

so dass der Grundriss wie ein umgedrehtes T[256] aussieht? Es gibt darüber nur Vermutungen: Hat man vielleicht einfach mit der geistlichen Würde der Armen als Christusrepräsentanten nach Mt. 25, 40 ernst gemacht und ihnen wie Chorherren ihren Platz im Chorraum der Kirche zugewiesen?[257]

Die Hospitalhalle selbst ist 87 m lang und 14 m breit. Sie hat genau die Breite des mittleren Kirchenschiffes, von dem sie durch einen Lettner getrennt ist. Direkt neben dem Hauptaltar unter der Lettnerlaube sind zwei Durchgänge in die Hospitalhalle: Der südliche führt in die „Männerreihe", der Gang, auf dem die Betten für die Männer stehen, der nördliche Durchgang führt in die „Frauenreihe".[258] Bis zu 130 Personen konnten so insgesamt im Hospital aufgenommen werden.[259] Ihre Bettstatt war durch einen Vorhang abgetrennt. Sie lebten in unmittelbarer Nähe des Altars, an dem täglich der Priester die Messe las.

3.2.3.2 Von der Reformation bis 1806

Die Reformation stellt in zweifacher Hinsicht einen tiefen Einschnitt in die Hospitalgeschichte dar: Zum einen beseitigte sie mit dem Ablasswesen eine wichtige Einnahmequelle der Hospitäler und zum anderen löste sie die Klöster auf, die immer noch zu den wichtigsten Trägern von Hospitälern gehörten.[260] Reformatorische Kirchenordnungen sahen die Armenfürsorge als eine weltliche Aufgabe an, legten sie also in die Hände der Landesherren und Stadträte. Für die schon vorher unter weltlicher Verwaltung stehenden Heilig-Geist-Hospitäler änderte sich dadurch an ihrem rechtlichen Status allerdings nur wenig.[261]

Im geistlichen Leben des Hospitals gab es sowohl Kontinuität als auch Änderungen: Waren im Lübecker Heiligen-Geist-Hospital 1522 noch sechs Priester angestellt, die täglich Seelenmessen für lebende und verstorbene Wohltäter lesen mussten,

---

[256] Die kurze Seite des T ist die Kirche im Westen, die lange Seite ist die Hospitalhalle. Dort, wo lange und kurze Seite aufeinander treffen, steht der Hauptaltar.
[257] Vgl. Krabbenhöft, S. 5. Für diese These sprechen auch die drei gotischen Kirchenfenster in der Ostwand der Hospitalhalle. Sie haben dieselbe Form wie Kirchenfenster in gotischen Ostchören.
[258] Vgl. Krabbenhöft, S. 10.
[259] Vgl. Plessing, S. 240.
[260] Vgl. Jetter, S. 116f.
[261] Vgl. Plessing, S. 7.

fielen diese Messen mit der Einführung der Reformation 1530 weg.[262] Aber an ihre Stelle und an die Stelle der bis dahin gehaltenen Stundengebete trat kein Vakuum, sondern ein reiches evangelisches geistliches Leben.[263] Eine neue Hospitalordnung fasst die Veränderungen auch des geistlichen Lebens im Hospital zusammen. Und wie in der alte Ordnung von 1263 beginnt auch die neue mit dem Gottesdienst:

„Erstlich. Sollen die Armen, so im Armenhause des Hospitals thom Hilligen Geiste binnen Lübeke werden underholden, sich degligk wenn Predigt in St Jacobs Kerken geschicht, finden laten, Imgliken in den 4 Quartalen, wenn im Hospital gepredigt und dat Avetnmahl des Herrn darsulvest wert geholden."[264]

Die Hospitalbewohner sollen also am Gottesdienst in der direkt benachbarten St. Jakobus Kirche, der Gemeindekirche für diesen Stadtteil, teilnehmen. Viermal im Jahr findet aber auch in der Hospitalkirche – in der nun auch eine Kanzel steht – ein besonderer Abendmahlsgottesdienst nur für die Bewohner statt.

Aber auch die täglichen Gebete werden nicht abgeschafft: „Wenn die Klocken im Hospital geludt werdt sall ein Jeder, vor de Maltidt und na de Maltidt, Middag und Avends sin Gebett und Dancksegginge tho Gott den Almechtigen dohn"[265]. Außerdem wurden morgens, mittags und abends Andachten bzw. Betstunden durch sog. „Leser"[266] gehalten. Diese Leser waren fromme Männer aus dem Kreis der Hospitalbewohner. Von den Vorstehern wurde ihnen dieses Amt übertragen. Es gab immer zwei Leser im Hospital: den „Mannsleser", der die Andachten für die Männer hielt, und den „Frauenleser" für die Frauen. Die Andachten waren nach einem einfachen Schema aufgebaut: Lieder aus dem Gesangbuch, Morgen- bzw. Abendsegen, Katechismuslesung oder Lesung aus einem Andachtsbuch, Vaterunser. Diese von from-

---

[262] Vgl. a.a.O., S. 12f.

[263] Die relative Unabhängigkeit der Heilig-Geist-Hospitäler von diözesaner und klösterlicher Hierarchie führte dazu, dass an diesen Kirchen reformatorische Gedanken sehr früh Fuß fassen konnten: Wilhelm Löhe berichtet in seinen „Erinnerungen aus der Reformationsgeschichte von Franken" von Andreas Dober, einem Kaplan am Nürnberger Heilig-Geist-Hospital, der bereits 1523 eine deutsche Messe drucken lässt unter dem Titel: „Von der Euangelischen Meß, wie sie zu Nürmberg, im Newen Spital, durch Andream Döber, gehalten würdt, Caplan doselbst." (Löhe, Gesammelte Werke Bd. 3/2, S. 611+629).

[264] Plessing, S. 220.

[265] A.a.O.

[266] Zum Folgenden vgl. a.a.O., S. 214ff.

men Laien gehaltenen Andachten waren im Hospital sehr beliebt.[267] Außerdem war der Leser auch Seelsorger. Über seine Pflichten heißt es: „[D]en Armen soll er im Leben und Wandel mit einem guten Exempel vorangehen, besonders aber die Kranken fleißig besuchen und zumal die Sterbenden nach seinem besten Vermögen mit kräftigem Trost aufrichten."[268]

Auch die Meisterin, deren Amt es immer noch gab (im Unterschied zum Meister, dessen Amt nun ein Vogt bzw. ein Schreiber wahrnahm), hatte neben organisatorischen und pflegerischen Aufgaben eine geistliche Verantwortung im Hospital: „Wenn Kranke, es seien Manns- oder Frauens-Persohnen sich in dem Heil. Geistes Hause befinden, so soll sie gute Acht darauf haben, und stets darüber seyn, daß die Mägde im Hause dieselben fleißig warten, und wann die Mägde Geschäfte halber nicht gegenwärtig sein können, die Wartung selbst verrichten; Auch wenn es mit den Kranken immer schwächer wird, denenselben die Erinnerung thun, daß sie sich mit ihrem Gott vereinigen und das Heil. Nachtmahl zu empfangen hätten." Liegt der Kranke im Sterben, „dann ist die Meisterin schuldig, demselben vor seinem Ende fleißig vorzulesen und vorzubethen, auch nicht darin zu ermüden wenn es auch 2 oder 3 Nächte dauerte"[269].

Damit standen Leser und Meisterin in Kontinuität zu der bereits vorreformatorischen Praxis der „Ars moriendi"[270]: Seit Anfang des 15. Jahrhunderts gab es sog. „Sterbebüchlein"[271] mit Texten und Bildern, die am Sterbebett vorgelesen und gezeigt wurden, um dem Sterbenden ein seliges Ende zu ermöglichen. Auf seelsorgerlichen Beistand im Sterben wurde großer Wert gelegt: Es ging um das „Gelingen des Übergangs vom irdischen zum ewigen Leben.[272] Während Beichte und Kommunion als viaticum vom Priester gereicht wurden,[273] war das Sterbebüchlein schon im 15.

---

[267] Vgl. a.a.O., S. 217.
[268] A.a.O., S. 216.
[269] Plessing, S. 181f.
[270] Im Folgenden beziehe ich mich auf Claudia Reschs Monographie „Trost im Angesicht des Todes. Frühe reformatorische Anleitungen zur Seelsorge an Kranken und Sterbenden".
[271] Resch, S. 16.
[272] Vgl. a.a.O., S. 25.
[273] Vgl. a.a.O., S. 30f.

Jahrhundert auch und gerade für den Gebrauch durch Laien bestimmt.[274] Viele Hospitalstatuten sahen ihre Verwendung durch Laien ausdrücklich vor. Claudia Resch stellt fest, dass die vorreformatorischen Sterbebüchlein durch ihre Christozentrik und ihre Verwendung durch Laien „der reformatorischen Kranken- und Seelsorgepraxis" den Weg geebnet haben.[275] So steht Luthers „Eyn Sermon von der bereytung zum sterben" von 1519 ganz in dieser Tradition:[276] Er betont die Wichtigkeit von Beichte und Abendmahl[277] und setzt den Bildern des Todes, der Sünde und der Hölle die Gegenbilder des Lebens, der Gnade und des Himmels im Blick auf den Gekreuzigten entgegen[278]. In der Gegenüberstellung dieser Bilder vollzieht sich der von mir im biblisch-theologischen Teil beschriebenen Weg vom Gericht zur Gnade. Luther ermutigt zum Gebet: „Darzu sollt man das gantz leben lang bitten gott und seyne heyligen umb die letzten stund fur eynen rechten glauben, wie dan gar feyn gesungen wirt am pfingstag. Nu bitten wir den heyligen geyst umb den rechten glauben aller meyst wen wir heim faren auß disse elende"[279]. Bemerkenswert ist, dass zur Ars moriendi immer auch die innere Abwendung von Familie und Hab und Gut gehörte, dass „du dich kerest allain zu gott der unns auff disem engen weg alleyn hindurch helffen mag."[280] Der Umzug ins Hospital mit dem Abschied von Haus und Familie war also für den alten Menschen schon ein erster Schritt der Sterbevorbereitung!

Die Ars moriendi wird auch die Gottesdienste in den Hospitalkirchen geprägt haben. Dafür spricht, dass die beiden am weitesten verbreiteten reformatorischen „Sterbebüchlein" von Predigern am Nürnberger Heilig-Geist-Spital verfasst worden sind: Von Thomas Venatorius, seit 1522 Spitalprediger, stammt „Eyn kurtz underricht den sterbenden Menschen gantz tröstlich" aus dem Jahr 1527. Venatorius setzt darin Luthers Gedanken aus dem o. g. Sermon in ein Handbuch für die Praxis am

[274] Vgl. a.a.O., S. 21.
[275] A.a.O., S. 38ff.
[276] Luther spricht von einem „weg des sterbens": „Und hie hebt an die enge pforte der schmale steyg zum leben, des muß sich eyn yglicher frölich erwegen, dann er ist woll fast enge, er ist aber nit langk" (WA 2, 685).
[277] Vgl. WA 2, 686 und 692ff.
[278] Vgl. WA 2, 686ff.
[279] WA, 2, 697. Dieser bereits oben zitierte Vers ist für Luther bei der Vorbereitung auf das Sterben sehr wichtig. Er schließt den Sermon ab. Nach ihm kommt noch ein doxologischer Absatz, weil „das lob das sterben gar sere leichteret" (WA 2, 697).
[280] Aus dem Sterbebüchlein von Venatorius, bei Resch, S. 69.

Sterbebett um.[281] Im Jahr 1529 veröffentlicht Wenzeslaus Linck, Weggefährte Luthers und ab 1525 Prediger und Kustos am Heilig-Geist-Spital zu Nürnberg, das Sterbebüchlein „Wie man christlich die krancken trösten möge durchs Vaterunser zehen gebot und Artickel des glaubens".[282] Weil die Heilig-Geist-Hospitäler nicht wie Parochialkirchen dem Bischof unterstanden, wurden in ihnen früher als in anderen Kirchen reformatorische Gottesdienstordnungen eingeführt, die u. a. die deutsche Predigt für die Hospitalgemeinde möglich machten.[283]

Die wichtige Rolle der Laien bei der Sterbebegleitung im Hospital war umso nötiger, weil das Hospital in Lübeck seit der Reformation keinen eigenen Pfarrer mehr hatte. Es war nun ein Filial der benachbarten St. Jakobus Kirche.[284] Der dortige Pfarrer kam ins Hospital, um Sterbenden das Heilige Abendmahl zu reichen und Tote auf dem Friedhof des Hospitals zu beerdigen. Außerdem hielt er die vier oben erwähnten Abendmahlsgottesdienste in der Hospitalkirche. Vier Gottesdienste im Jahr schienen den Hospitalbewohnern aber doch zu wenig zu sein: Ein zu Wohlstand gekommener Koch des Hospitals vermachte dem Hospital nach seinem und seiner Frau Tod im Jahre 1649 eine große Geldsumme, von der die Hospitalkirche erneuert werden konnte und dem Pfarrer jährlich 200 Lübecksche Mark gezahlt wurden, damit er jeden Freitag in der Hospitalkirche einen Gottesdienst hält. Auch die Hospitalbewohner bekamen jeweils am Sterbetag des Stifters eine Geldsumme ausgezahlt „zum seligen Gedenken" an ihn. Noch heute erinnert eine Gedenktafel in der Hospitalkirche an diesen Koch, auf der sein Vermächtnis mit den genauen Geldsummen genannt wird, die „auf ewige Tage" entrichtet werden sollen.[285] Dieses Vermächtnis aus nachreformatorischer Zeit steht noch sehr in der Tradition der o. g. Tauschpraxis caritas gegen memoria: Die Aufgabe der Hospitalbewohner als Fürbitter ist durch die Reformation nicht zum Erliegen gekommen! Das beweisen auch folgende Beobachtungen: Als der

[281] Vgl. Resch, S. 65ff.

[282] Vgl. Resch, S. 73ff.

[283] Wilhelm Löhe berichtet in seinen „Erinnerungen aus der Reformationsgeschichte von Franken" von einer deutschen Messe, die bereits 1523 im Nürnberger Heilig-Geist-Spital gehalten und unter dem Titel „Uon der Euangelischen Meß, wie sie zu Nürmberg, im Newen Spital, durch Andream Döber, gehalten würdt, Caplan doselbst" gedruckt wurde. (Gesammelte Werke, Bd. 3/2, S. 611).

[284] Vgl. Plessing, S. 204.

[285] Vgl. a.a.O., S. 185f.

evangelische Landgraf Philipp von Hessen die klösterlichen Hospitäler in seine Obhut nahm, wurden die Bewohner „verpflichtet täglich für den Landesherrn und Gründer ein Gebet zu sprechen.“[286]

Steinmaier überliefert ein evangelisches Fürbittgebet aus dem Jahr 1723, das in Nürnberg von Hospitalbewohnern täglich zu sprechen war. In der Gebetsanrede kommt die Gewissheit zum Ausdruck, dass Gott das Gebet der Armen erhört: „Dreieiniger Gott, Vater Sohn und Heiliger Geist. Du verschmähst auch der Armen und Elenden Verlangen nicht.“ Nach den Fürbitten für die Kirche, die Obrigkeit, den Hospitalverwalter und den Hospitalpfarrer wird folgendermaßen für die Wohltäter gebetet: „Ach Gott gedenke auch im besten aller unserer Wohltäter in der Stadt und auf dem Lande. Vergelte ihnen und den lieben Ihrigen die Almosen und Vermächtnisse, womit sie unserer Dürftigkeit zu statten kommen. Gib, dass es ihnen niemals mangeln möge an irgend einem Gut. Erquicke sie für die uns erzeigten Wohltaten im Leben, Leiden und Sterben. Denen aber, welche bereits in der seligen Ewigkeit vorangegangen sind, ersetze mit himmlischer Freude und Herrlichkeit, was sie uns in ihrem Leben und nach ihrem Tod Gutes getan haben. Gib ihren Gebeinen eine ungestörte Grabesruhe. Dermaleinst aber lass sie hervorgehen aus ihren Gräbern in der Auferstehung der Gerechten, um sich beides an Leibe und Seele zu freuen in Dir, dem lebendigen Gott.“[287]

Dieses Gebet zeigt die große Bedeutung der Fürbitte durch die Armen auch noch 200 Jahre nach der Reformation. Wie in vorreformatorischer Zeit wird auch für die Verstorbenen und ihr Seelenheil gebetet. Die Perspektive des Gerichtes aus Mt. 25, 31ff. klingt ebenfalls an. Allerdings ist dem Gebet bei allem Ernst keine Angst vor der Hölle abzuspüren, sondern eine tiefes Vertrauen auf die gnädige Erhörung Gottes.

[286] Jetter, S. 118.
[287] Steinmaier, S. 282f.

3.2.3.3 Von 1806 bis heute

Mit der Erstürmung Lübecks durch napoleonische Truppen im Jahr 1806 endet die 520-jährige Geschichte der Gottesdienste im Heiligen-Geist-Hospital. Es wird berichtet, dass „während der Schreckenszeit die Hospitalkirche gänzlich ausgeräumt und spoliiert sei“[288] und dass der letzte Hospitalprediger dabei „auf so traurige Weise ums Leben gekommen war“[289]. Die Verbindung der Hospitalhalle zum Altar bzw. zum Kirchenraum wird nun verschlossen. Die Kirche bleibt ungenutzt und wird im 20. Jahrhundert ein Museum. Von nun haben die Hospitalbewohner die Erlaubnis, „nach Gefallen ihren Beichtvater zu wählen und in der Kirche, wo sie wollen, zum Abendmahl zu gehen“[290]. In der Regel ist das die benachbarte St. Jakobus Kirche.

Mit dem Ende des Gottesdienstes im Heiligen-Geist-Hospital sterben auch die anderen Traditionen des geistlichen Lebens: Das Amt des Lesers konnte „mangels geeigneter Persönlichkeiten“[291] nicht mehr besetzt werden. Auch das Amt der Meisterin wird zu Beginn des 19. Jahrhunderts abgeschafft im Zuge der Reform des Lübecker Armenwesens und der Unterstellung des Heiligen-Geist-Hospitals unter die Aufsicht der „Zentral-Armendeputation“[292]. Die Stiftung Heiligen-Geist-Hospital besteht zwar bis heute, wurde aber immer mehr in ihrer Selbständigkeit eingeschränkt. 1939 übernimmt die Hansestadt Lübeck endgültig die Stiftungsverwaltung. Die Hausordnung aus dieser Zeit erwähnt den Gottesdienst nicht mehr! Noch bis 1970 wohnen alte Menschen in kleinen Holzkammern in der Hospitalhalle. Bis 1976 werden die Nebengebäude des Hospitals soweit umgebaut, dass hier nun wieder 81 alte Menschen im „Altenpflegeheim Heiligen-Geist-Hospital“ wohnen.[293] Seit einigen Jahren findet in einem alten Gewölbe dieser Nebengebäude wieder ein (monatlicher) Gottesdienst für die Bewohner und Bewohnerinnen statt.

[288] Plessing, S. 212.
[289] A.a.O.
[290] A.a.O.
[291] A.a.O., S. 218.
[292] Vgl. a.a.O., S. 8.
[293] Vgl. Städtische Seniorinneneinrichtungen, S. 48.

4. LITURGIETHEORETISCHE ENTSCHEIDUNGEN

4.1 Liturgie zwischen Anthropologie und Theologie

Dietrich Rössler definiert Praktische Theologie als eine wissenschaftliche Theorie, die „die Grundsätze der christlichen Überlieferung ... mit den Einsichten der gegenwärtigen Erfahrung“ so verbindet, „daß beide sachgemäß zur Geltung kommen.“[294] Die Praktische Theologie hat damit eine „Vermittlungsaufgabe“[295]. Rössler warnt vor einseitigen Lösungen: „Werden Lehre und Überlieferung vernachlässigt, so entsteht die Gefahr, daß die Praxis orientierungslos bleibt und vermeintlich zeitgemäße Aufgaben kritiklos bestätigt werden. Mangelt es an der empirischen Ausrichtung, so wird sich die Praktische Theologie in bloßer Lehrbildung erschöpfen. In beiden Fällen wird der eigentliche Zweck der Praktischen Theologie, der verantwortlichen Wahrnehmung der Aufgaben des kirchlichen Lebens zu dienen, verfehlt.“[296]

Da ich die Liturgiewissenschaft als einen Teil der Praktischen Theologie ansehe, beziehe ich das von Rössler Gesagte auch auf sie. Deshalb spreche ich hier von „Liturgietheorie“ und nicht von „Liturgietheologie“. Denn die Liturgiewissenschaft ist analog oben genannter Definition eine Theorie, die christliche Überlieferung und gegenwärtige Erfahrung – Tradition und Situation – wissenschaftlich reflektiert verbinden will. Die beiden zu verbindenden bzw. zu vermittelnden Pole möchte ich mit den Begriffen Theologie und Anthropologie bezeichnen. Deshalb kann schon rein formal nicht Liturgietheologie der Oberbegriff über beide sein.

Der Gegenüberstellung von Anthropologie und Theologie entspricht der Duktus meiner Arbeit: Mit der Beschreibung der Situation der Bewohner im Altenheim im ersten Teil habe ich die anthropologische Ebene dargestellt. Im zweiten Teil deute ich das Alter biblisch-theologisch. Dass diese Deutung nicht nur Anthropologie mit anderen Mitteln ist, sondern über Anthropologie hinausführt,[297] zeigt der Wandel der Per-

294 Rössler, Praktische Theologie – Begriff und Aufgabe, in: Wintzer, Praktische Theologie, S. 1.
295 A.a.O.
296 A.a.O.
297 Vgl. das Zitat von Wolff, in dem er sich gegen die Anthropologisierung von Theologie und für ein „theologisches Begreifen der anthropologischen Phänomene“ ausspricht (Anthropologie des Alten Testaments, S. 17).

spektiven in den beiden Teilen: Ist die anthropologische Situation im Altenheim beherrscht vom Bild der „Endstation“, vom „Ende des Weges“ und damit eigentlich ohne Perspektive, öffnet die biblisch-theologische Deutung die Perspektive eines Weges durch den Tod ins Leben.

Die Aufgabe einer Liturgietheorie des Altenheimgottesdienstes lautet dementsprechend: Wie kann Liturgie im Altenheim ganz bei den Menschen sein, in ihrer Lebenswirklichkeit ankommen, diese ernst nehmen und gleichzeitig einen Weg eröffnen, der über diese Wirklichkeit hinausführt?

Bei der Lösung dieser Aufgabe – Vermittlung von Anthropologie und Theologie in einer Liturgietheorie für den Altenheimgottesdienst – hilft mir der Blick in die Geschichte. Ein geschichtliches Denken im Umgang mit Liturgie ist für mich konstitutiv, denn Liturgie ist geschichtlich gewordene und gewachsene Gestalt des christlichen Gottesdienstes. Die Einsicht in die Geschichte führt zwar nicht unmittelbar zu einer Liturgietheorie in dem Sinne, dass der geschichtlich gewachsene Gottesdienst automatisch die Synthese aus Anthropologie und Theologie bilden würde. Die geschichtliche Entwicklung des Gottesdienstes bedarf immer auch des kritischen Moments, wie es in der Reformationszeit besonders deutlich wird.[298] Mit der Reformation unterscheide ich deshalb die biblische Überlieferung von der späteren, kirchengeschichtlichen Überlieferung: Erstere hat normative Bedeutung für mein Verständnis für Liturgie. Die kirchengeschichtliche Überlieferung hat dagegen nur eine davon abgeleitete Normativität. Sie kann aber hilfreich für die gegenwärtige liturgische Theoriebildung sein, wenn sie in einem historischen Kontext exemplarisch zeigt, wie die biblisch-theologischen Grundlagen in der jeweiligen konkreten Situation entfaltet wurden. So kann die Einsicht in die Geschichte eine Orientierungshilfe für die gegenwärtige Lösung der Vermittlungsaufgabe von Anthropologie und Theologie sein. M. a. W.: Wir müssen auch den Altenheimgottesdienst nicht gänzlich neu erfinden, sondern können in kritischer Kontinuität historische Formen aufnehmen und ggf. weiterentwickeln.

---

[298] Dieser Ansatz schließt eine Kritik an liturgischen Entscheidungen der Reformationszeit nicht aus, sondern fordert eine solche Kritik geradezu!

Die Verhältnisbestimmung von Anthropologie und Theologie für die liturgische Theoriebildung kann nicht so aussehen, dass beiden getrennte Bereiche zugewiesen werden, dass also z. B. die Anthropologie nur für die äußere Gestalt der Liturgie und die Theologie nur für die Inhalte maßgeblich wäre. Vielmehr gehören Form und Inhalt der Liturgie untrennbar zusammen. Das Paradigma für die Verhältnisbestimmung von Anthropologie und Theologie in der Liturgie sehe ich in der Christologie, genauer gesagt in der Zwei-Naturen-Lehre: So wie Christus wahrer Mensch und wahrer Gott ist, und seine menschliche und göttliche Natur unvermischt und ungetrennt sind, so bilden auch die anthropologische und die theologische Dimension der Liturgie eine zwar unterscheidbare, aber untrennbare Einheit. Nach ev.-luth. Verständnis gilt das primär für die Mitte der Liturgie, für die Predigt des Evangeliums und das Reichen der Sakramente (CA V und VII)[299], wo in, mit und unter Menschenwort Gotteswort laut wird, bzw. in, mit und unter Brot und Wein Christi Leib und Blut gereicht werden.[300] Doch von dieser Mitte ausgehend gilt dies m. E. abgeleitet für die ganze Liturgie. Ich sehe Liturgie als eine Gestalt des „leiblich[en] Wort[es] des Evangelii“[301] an, und wende mich damit gegen ein verengtes Verständnis, das dieses leibliche Wort ausschließlich mit der Predigt und dem Sakramentsempfang gleichsetzen will.[302] Diesen inkarnatorischen Ansatz der Liturgietheorie für den Altenheimgottesdienst vertritt auch Andrea Fröchtling, wenn sie als eine Zielsetzung formuliert: „Hierbei wird überlegt, wie ein eingefleischter Theo-Logos aussehen könnte, der vertikales und horizontales Bezogen-Sein in den Mittelpunkt stellt und Ich-Du-Beziehungen auf beiden Ebenen (wieder) möglich macht.“[303]

---

[299] Vgl. BSLK, S. 58, 2 u. 61, 1.

[300] Vgl. CA X (BSLK, S. 64), Großer Katechismus (BSLK, S. 709, 8), FC Epit. VII. (BSLK, S. 796, 2). Ich vertrete für die Liturgie den trad. lutherischen Grundsatz: „finitum capax infiniti“.

[301] CA V (BSLK, S. 58, 4).

[302] Ich bin mir bewusst, dass mit dieser dogmatischen Verhältnisbestimmung von Anthropologie und Theologie in der Liturgie diese als ganze zur ‚heiligen Handlung' wird. Ich will damit nicht die evangelische Freiheit im Umgang mit Liturgie bestreiten, sondern diese Freiheit als eine geistgewirkte Freiheit von Beliebigkeit und Willkür abgrenzen. Denn auch die reformatorische Freiheit im Umgang mit den gottesdienstlichen „traditiones humanas seu ritus aut cerimonias“ (CA VII, BSLK, S. 61, 3) schließt doch die Hochschätzung des Ritus nicht aus, wie sie z. B. in Apol. XIII, 5 bekannt wird: „ Idem effectus est verbi et ritus, sicut praeclare dictum est ab Augustino sacramentum esse verbum visibile, quia ritus oculis accipitur et est quasi pictura verbi, idem significans, quod verbum. Quare idem est utriusque effectus.“ (BSLK, S. 292, 5).

[303] Fröchtling, „Und dann habe ich auch noch den Kopf verloren ...“, S. 20.

Dass Form und Inhalt der Liturgie nicht getrennt werden dürfen, und Anthropologie und Theologie aufeinander bezogen sein müssen, betonen Geoffrey Wainwright und Karl-Heinrich Bieritz in ihren systematisch-theologischen bzw. anthropologischen Grundlegungen im Handbuch der Liturgik. Bemerkenswerterweise tun sie das beide unter Aufnahme der altkirchlichen Formel „lex orandi – lex credendi“[304].

Diese beiden renommierten Liturgiewissenschaftler, die so grundsätzlich die Zusammengehörigkeit der anthropologischen und der theologischen Dimensionen der Liturgie betonen, zeigen doch gleichzeitig, wie schwierig die Umsetzung dieser Einsicht ist: Wolfgang Ratzmann weist auf, dass es Wainwright in seiner theologischen Grundlegung nicht gelingt, „die verschiedenen anthropologischen Fragestellungen der Zeit“ ausdrücklich aufzunehmen.[305] „Zum anderen finden sich in der didaktisch überzeugenden und inhaltlich reichhaltigen ‚Liturgik‘ von Karl-Heinrich Bieritz zu fast allen wesentlichen Gegenständen der Liturgiewissenschaft ausgesprochen instruktive Artikel, nicht aber zur engeren Frage nach der Theologie des Gottesdienstes.“[306]

Die Aufgabe, Anthropologie und Theologie in einer Theorie für den Altenheimgottesdienst zu verbinden, sehe ich als die zentrale Herausforderung bei der Beschäftigung mit dem gesamten Thema an. Von der Lösung dieser Aufgabe hängt es ab, ob das, was da im Altenheim geschieht, wirklich Gottesdienst ist.

Trotz dieser Einsicht in die wesentliche Zusammengehörigkeit von anthropologischer und theologischer Dimension des Gottesdienstes sollen beide nun – aus methodischen Gründen – nacheinander dargestellt werden:

---

[304] Vgl. Wainwright, S. 87ff. in seinem vierten und letzten Kapitel über die theologische Grundlegung der Liturgie, das mit dem programmatischen Satz beginnt: „Liturgie, Lehre und Leben gehören wesensmäßig zusammen.“ (S. 87). Karl-Heinrich Bieritz zitiert die Formel im ersten Kapitel seiner Abhandlung über die anthropologische Grundlegung der Liturgie und schreibt ähnlich wie Wainwright: „Zwischen liturgischer Feier ... , kirchlicher Lehre und Verkündigung ... und christlichem Leben ... besteht eine ‚fundamentale Interdependenz‘, ein ‚Entsprechungsverhältnis‘, das im Evangelium selbst seinen Grund hat“ (S. 96).

[305] Ratzmann, Gegenwärtige evangelisch-theologische Positionen zum Gottesdienst als Anfragen an eine künftige evangelische Gottesdienstheologie, S. 52.

[306] A.a.O.

4.2 Die anthropologische Dimension des Altenheimgottesdienstes

Der Gottesdienst im Altenheim hat schon auf den ersten Blick seine sehr menschlichen Seiten: Bewohner schlafen während des Gottesdienstes ein, andere geben unverständliche Laute von sich, lachen oder weinen, wieder andere verlassen den Gottesdienst vorzeitig. Aus diesem Verhalten darf nicht vorschnell auf mangelnde innere Beteiligung geschlossen werden: Denn genauso kann es geschehen, dass Gottesdienstfeiernde die gesamte Liturgie mitsprechen oder mitsingen (den Liturgenpart eingeschlossen!), vertraute Bibelworte wiederholen und innerlich wie äußerlich sehr bewegt dem Gottesdienst folgen. Dieses und anderes Verhalten ist Ausdruck der im ersten Teil dargestellten physischen, psychischen und sozialen Situation der Altenheimbewohner. Welche Konsequenzen hat diese anthropologische Situation für Form und Inhalt des Gottesdienstes?

Als ich als junger Pfarrer die ersten Gottesdienste im Altenheim zu halten hatte, war ich durch das o. g. Verhalten ziemlich verunsichert. Die Welt der Menschen im Altenheim war mir fremd. Es fiel mit schwer, mich in diese Menschen hineinzuversetzen und sie zu verstehen. Ich deutete ihr Verhalten als regressives, kindliches Verhalten, in das alte Menschen wohl wieder zurückfallen. Bestärkt wurde diese Deutung durch den Umgang vieler Pflegekräfte mit den Heimbewohnern: Sie behandelten sie oft wie Kinder. Folglich reduzierte ich den Gottesdienst auf eine schlichte Andacht ohne Liturgie. Die Verkündigung bestand aus einem mitgebrachten Gegenstand und ein paar erklärenden Worten dazu. Gesungen wurden einfache Lieder aus dem Kindergottesdienst. Hatte doch ein wohlmeinender älterer Kollege mir den Rat gegeben, den Gottesdienst im Altenheim ganz ähnlich wie einen Kindergottesdienst zu halten.

Aber ich wurde mit dieser Art Gottesdienst im Altenheim nicht glücklich – und die alten Menschen auch nicht. Ich hatte das Gefühl, mit dem, was ich tue, sie nicht wirklich zu erreichen. Das gottesdienstliche Geschehen berührte die Gemeinde der Alten kaum. Das ging eine ganze Zeit so weiter, bis mir einmal eine alte Dame sagte: „Herr Pfarrer, wir möchten doch einen richtigen Gottesdienst feiern!“

Von nun an wagte ich, einen „richtigen“ Hauptgottesdienst zu feiern, so wie er in unserer sächsischen Landeskirche üblich ist – natürlich mit gewissen Modifikationen, wie später im Praxisteil aufgezeigt werden wird.

4.2.1 Die anthropologische Begründung des Hauptgottesdienstes[307]

Diese meine persönliche Erfahrung finde ich in der Literatur zum Altenheimgottesdienst bestätigt und begründet. Überraschend für mich ist, dass das Plädoyer für den traditionellen Hauptgottesdienst im Altenheim nicht primär theologisch, sondern anthropologisch begründet wird. Im Folgenden möchte ich einige dieser Begründungen nennen:

Der Altenseelsorger Klaus Depping richtet sein Augenmerk besonders auf die altersverwirrten Menschen im Heim. Zunächst setzt er sich mit der Frage: „Andacht oder Hauptgottesdienst?“ auseinander und schreibt dazu:

„Die Andacht ist ihrem Wesen nach immer eine Gottesdienstform, die als zusätzliches Angebot zu verstehen ist. Die Andacht kann den Hauptgottesdienst nicht ersetzen. Von daher sollte die Situation nie so aussehen, dass der altersverwirrte Mensch nur noch Zugang zu Andachten hat. Ihm steht auch der Hauptgottesdienst zu, ein Gottesdienst, der eventuell für sein Empfinden erst der ‚richtige' Gottesdienst ist.“[308]

Dann begründet Depping seine Forderung folgendermaßen: „Hinzu kommt, dass auch vom Krankheitsbild her gesehen, einiges für die Form des Hauptgottesdienstes spricht:

- Der Hauptgottesdienst ist die vertraute, in der Regel praktizierte Gottesdienstform, die der altersverwirrte Mensch aus seiner Kinderzeit kennt und mittels seines Altgedächtnisses wiedererkennt. Er vermittelt von daher Kontinuität in einem Dasein voller Diskontinuitäten. Der Hauptgottesdienst ist *altgedächtnis-* und *biografiefreundlich.*

---

[307] Ich nehme bewusst die Bezeichnung aus der alten Agende I auf, da auf diese Agende in der Regel Bezug genommen wird. Vgl. Agende I, S. 39.
[308] Depping, Altersverwirrte Menschen seelsorgerlich begleiten, S. 83.

- Weiterhin bietet der Hauptgottesdienst vor allem durch sein Ordinarium eine klare, feste, gleichbleibende Ordnung, die es dem altersverwirrten Menschen erleichtert, sich zurechtzufinden. Der Hauptgottesdienst ist von daher *orientierungsfreundlich.*

- Darüber hinaus bietet der Hauptgottesdienst durch die vertrauten Responsorien dem altersverwirrten Menschen die Möglichkeit, sich zu beteiligen. Der Hauptgottesdienst ist von daher *aktivierungsfreundlich.*

- Schließlich führt der Hauptgottesdienst durch seine musikalisch-liturgischen Elemente zu einer emotionalen Vertiefung, die der altesverwirrte Mensch im besonderen Maße braucht. Der Hauptgottesdienst ist von daher auch *emotionsfreundlich.*"[309]

Andrea Fröchtling nimmt die vier Argumente von Depping für den Hauptgottesdienst auf und ergänzt sie unter der Überschrift „Ritual und Liturgie: Strukturgerüst und Stützpfeiler"[310], so dass sie insgesamt auf acht wesentliche Bedeutungen des traditionellen gottesdienstlichen Rituals kommt:

„(a) *spielerisch-strukturierend*: Rituale geben innerhalb des Gottesdienstes eine feste Struktur vor und sind somit altvertrautes Orientierungsgerüst, an dem sich Menschen mit Demenz festhalten können."

„(b) *subversiv*: In einer antiritualistischen Gesellschaft versteht HOLMES (1989:100) alternde Menschen als subversiv, weil sie die Möglichkeit leben, ‚that liturgy has an effervesence that intimates more than socially prescribed reality'."

„(c) *repetitiv*: ... Wiederkehrende Elemente, wiederkehrende ritualisierte Handlungen schaffen Handlungsmuster, die für Menschen mit Demenz Partizipationsmöglichkeiten bieten,"

---

[309] Depping, a.a.O., S. 84 (kursiv im Original). Obwohl Depping diese Aussagen 2008 macht, scheint er sich nicht auf das im Jahr 2000 erschienene Gottesdienstbuch, sondern auf die alte Agende I zu beziehen, wie die Bezeichnungen „Hauptgottesdienst" und „Ordinarium" sowie dessen Beschreibung als „feste, gleichbleibende Ordnung" nahe legen. Deppings Plädoyer für den Hauptgottesdienst bedeutet nicht ein starres „Durchziehen" der Agende. Er sieht durchaus die Notwendigkeit, den agendarischen Ablauf zu kürzen. Er nennt Möglichkeiten, „den Hauptgottesdienst zu kürzen, ohne dass sein Charakter beeinträchtigt wird. Die Anzahl der Lieder kann man reduzieren, desgleichen die Anzahl der Lesungen. Abkündigungen fallen ohnehin aus. Die Predigt wird hier kürzer sein." Für die Dauer des gesamten Gottesdienstes (mit Heiligem Abendmahl) bedeutet das: „Kaum wird man 30 Minuten überschreiten müssen." (S. 84).

[310] Fröchtling, S. 444f.

„(d) *expressiv*: ‚Das Ritual liefert einen Zusammenhang von Verbindungen, durch die Gefühle ausgedrückt werden können, ohne unterdrückt zu werden'".

„(e) *inklusiv*: ... Durch das Mitvollziehen einfacher verbaler und gestischer Vollzüge fühlen sich Menschen in den Leib Christi eingebunden, bleiben Teil davon,"

„(f) *sensitiv*: ‚Good liturgy [...] is full of ambiguities, risk, ‚numinousity', sensuality, discomfort and excitment. It contains the totality of human experience and place it, open to the future, before God. I would describe such liturgy as sensible: capable of being apprehended by all the senses' beobachtet HOLMES (1989:94). Sensitive Zugänge sind für Menschen mit Demenz oft existentielle Kanäle,"

„(g) *erinnerungskonstitutiv*: Das Zweite Vatikanische Konzil hat die christliche Liturgie als Ganze als Memoriale, als Gedächtnisfeier, bezeichnet ... .Für Menschen mit Demenz bedeutet eine solche Gedächtnisfeier das Hineingenommenwerden in die christliche Erinnerungsgemeinschaft."

„(h) *transformativ*: Hier bleibt erneut festzuhalten, dass sowohl Spiel als auch Ritual ein transformativer Charakter zukommt."[311]

Fröchtling kommt deshalb sogar zu dem Ergebnis, dass zumindest Teile aus „Agenden aus der Zeit von 1920 bis 1940 in die Gottesdienste mit Menschen mit Demenz zu integrieren"[312] sind.

Die acht Argumente für den Hauptgottesdienst, die Fröchtling hier zusammenstellt, lassen sich in Bezug auf ihre anthropologische und ihre theologische Dimension noch einmal unterscheiden: Während die Argumente (a) bis (d) ganz auf der anthropologischen Ebene liegen, berühren die Argumente (e) bis (h) bereits die theologische Ebene.

4.2.2 Die therapeutische Funktion des Gottesdienstes

Während Depping und Fröchtling im Sinne der Ritualtheorie allgemein lebensdienliche Funktionen für alte Menschen im liturgischen Hauptgottesdienst erkennen,

[311] A.a.O., S. 444-446 (kursiv im Original).
[312] A.a.O., S. 458.

greifen die folgenden drei Positionen auf einen dezidiert psychotherapeutischen Ansatz zurück:

Michael Heymel stellt in seinem Aufsatz „Was alten Menschen heilig ist“ fest, dass Religiosität und Spiritualität „für die Lebensbewältigung im Alter hohe Bedeutung haben.“ Und er fährt fort: „Empirische Untersuchungen bestätigen, dass gerade bei ihnen die ritualisierte religiöse Praxis ... Gesundheit und Wohlbefinden fördern.“ Dadurch eröffnete „spirituelle Räume“ helfen, „Grenzerfahrungen des Alters zu verarbeiten. Seelsorge trägt dazu bei, dass alte Menschen ihren Alltag auf religiöser bzw. spiritueller Grundlage besser gestalten und bewältigen können. Insofern gibt es Konvergenzpunkte im Verhältnis zur Psychotherapie, die Lebenshilfe leistet, ohne den religiösen Glauben fördern zu wollen.“[313] Heymel bezieht diesen zunächst seelsorgerlichen Ansatz dann auch auf den Gottesdienst im Altenheim:

„Doch gerade die Liturgie, also die geprägte Form des Gottesdienstes mit ihren traditionellen Stücken, erlaubt es alten Menschen, sich in dieser Feier heimisch zu fühlen und sie mit zu vollziehen. Das liegt nicht nur daran, dass hier die im Langzeitgedächtnis aufbewahrten Elemente der Liturgie aktiviert werden, sondern hat auch mit der Tiefenwirkung von gesungenen liturgischen Stücken zu tun, die man *ganzheitlich* mit beiden Hirnhälften gelernt hat: ‚Der Sinn der gesungenen Liturgie erschliesst sich dann, wenn erlebt wird, dass das Gesungene weit tiefer haftet und andere Tiefenschichten unseres Unbewussten erreicht als das gesprochene Wort.’[314] Der Lobpreis ist die Form des Gebets, die es ermöglicht, Gottes Gegenwart intuitiv zu erfassen: ‚Lobpreis ist unsere erste Antwort. Völlig unfähig zu sagen, was Seine Gegenwart bedeutet, können wir nur singen, können wir nur Worte der Anbetung stammeln’, schreibt Heschel. Wir tun alten Menschen also keinen guten Dienst, wenn wir im Gottesdienst auf eine ausführliche Liturgie bzw. auf die traditionellen liturgischen Stücke verzichten“[315].

---

[313] Heymel, Was alten Menschen heilig ist, S. 271.
[314] Thilo, Die therapeutische Funktion des Gottesdienstes, S. 116.
[315] Heymel, S. 285f.

Thomas Klie kommt von einem anamnetischen Ansatz zu dieser therapeutischen Funktion: Ausgehend von dem Strukturprinzip[316] des Evangelischen Gottesdienstbuches (EGb) und unter Aufnahme von Terminologie von Manfred Josuttis beschreibt er den Gottesdienst als „Weg ins Leben“: „1. Eröffnung und Anrufung, 2. Darbietung und Reflexion von Texten, 3. das heilige Essen und 4. der Weg zurück ins Leben.“[317] An einzelnen liturgischen Stücken stellt er den anamnetischen Charakter dieses Weges dar: „Auf der Folie biblischer Deutungen werden dabei so unterschiedliche Stationen „begangen“ wie das gegenseitige Vorstellen im liturgischen Gruß (vgl. Gal 6,18), das Austarieren von Nähe und Distanz in der Kyrie-Gloria-Fuge (Mt 17,15 bzw. Lk 2,14), das Einstimmen in den Engelsgesang des Sanctus beim Abendmahl (Jes 6,3) und das Weggeleit im Segensgestus (Num 6,24-26). An allen diesen Stationen findet Erinnerung, Anamnese statt. Entgegen einem auf die eucharistische Christus-Anamnese fokussierten Liturgieverständnis hat sich heute ein eher ökumenischweites Konzept erinnernden Handelns im Gottesdienst durchgesetzt. Danach kann die gesamte Liturgie, Wort- und Sakramentsgottesdienst samt Eröffnung und Sendung als anamnetisches Geschehen verstanden werden. Denn in der symbolischen Konstruktion verschränken sich unter der gottesdienstlich gesetzten Wirklichkeit Erinnerung und Verheißung, Alltags- und Sonntagserfahrung, biographische und heilsgeschichtliche Anamnese.“[318] Indem Klie die biblischen Texte bzw. die liturgischen Stücke lediglich als „Folie“(!) für biographisches Erinnern ansieht, funktionalisiert er den Gottesdienst für einen therapeutischen Zweck: „Die Liturgie kann gerade auch für ältere Menschen therapeutische Qualität erlangen, als in ihr Vergangenes und Erinnertes durchgearbeitet wird.“[319]

Klie knüpft damit an Hans-Joachim Thilos Monographie „Die therapeutische Funktion des Gottesdienstes“[320] an. Bemerkenswerterweise gibt der Besuch eines

---

[316] Vgl. EGb, S. 15.

[317] Klie, Liturgik: Alte im Gottesdienst – Gottesdienst für Alte, S.458. Klie verbindet damit zwei Konzepte, die von ihrer Intention her im Widerspruch zueinander stehen: Josuttis’ Konzept vom „Weg ins Leben“ ist bewusst als Alternative zum „Strukturprinzip“ des EGb entworfen worden! Vgl. Josuttis, Weg, S. 158-163.

[318] Klie, S. 458f.

[319] Klie, S. 459.

[320] Erschienen 1985. Während Klie Thilo nicht ausdrücklich erwähnt, wird er von Heymel als wichtiger Gewährsmann für die Bedeutung der traditionellen Liturgie genannt (s. o. Thilo-Zitat bei Heymel).

mittelalterlichen Klosterspitals den Anstoß für Thilos Darstellung![321] Thilo deutet die heilende Wirkung von religiösen Ritualen mit dem aus psychotherapeutischer Methodik stammenden „Dreischritt: Erinnern - Wiederholen – Durcharbeiten“[322]. Er will nachweisen, „daß eben dieser Dreischritt im Aufbau religiöser Rituale uns immer wieder begegnet und grundlegend – wenn auch unbewußt – den liturgischen Meßkanon der Kirche geformt hat.“[323] Unter Bezug auf C. G. Jung und Victor Frankl nennt Thilo als Ziel dieses Dreischritts die Integration auch negativer Erscheinungen wie Krankheit, Angst und Schuld in das eigene Leben.[324] Integration führe zur Heilung, während Verdrängung krank mache.[325] Thilo stellt mit Frankl die Bedeutung des Transzendenzbezugs heraus: „Frankl macht darauf aufmerksam, daß Religion per effectum psychohygienisch wirksam wird, „indem sie dem Menschen eine Geborgenheit und Verankerung sondersgleichen ermöglicht, die er nirgendwo anders fände, die Geborgenheit und die Verankerung in der Transzendenz“.“[326] Auf den Seiten 80 bis 97 deutet Thilo entsprechend den Messgottesdienst als einen Weg zur „Ganzheit“ im Sinne der Ich-Integrität.[327]

In der Gerontologie spielt das Ideal der Ich-Integrität eine große Rolle. Meist wird dabei auf Erik H. Eriksons drei Aufsätze „Identität und Lebenszyklus“[328] Bezug genommen.[329] Im zweiten Aufsatz „Wachstum und Krisen der gesunden Persönlich-

---

[321] Thilo berichtet im Vorwort: „Frappiert war ich, als ich in dem für die täglichen Gottesdienste und Stundengebete bestimmten Saal stand, der zugleich als großer Krankensaal gedient hatte. Rings an den Wänden standen die Betten, alle so, daß der Blick des Kranken ständig den Altar vor sich haben konnte, so gut erhalten und gepflegt, daß jeden Augenblick die Aufnahme eines Patienten hätte erfolgen können. Seit der letzten Pestzeit aber – so der Fremdenführer – sei das nicht mehr geschehen. Seit der Pestzeit? fraget ich erstaunt zurück. Da war doch die ständige gegenseitige Ansteckung geradezu vorprogrammiert! Nein, meinte er, niemals habe man eine Neuinfektion feststellen können, wohl aber die meisten Rekonvaleszenten dieser damals unheilbaren Krankheit hier in diesen Saal gehabt. Mag das stimmen oder nicht: Mich ließ seitdem der Gedanke an die Zusammenhänge zwischen Kultus und Heilung nicht mehr los.“ (S. 9).

[322] Thilo, S. 22.

[323] A.a.O.

[324] Vgl. a.a.O., S. 22f.

[325] Vgl. a.a.O., S. 26.

[326] A.a.O., S. 38.

[327] Auf Seite 83 stellt ein „Diagramm der therapeutischen Funktion des Gottesdienstes“ die einzelnen Teile des Gottesdienstes in Beziehung zum therapeutischen Dreischritt: Tauferinnerung, Kyrie und Gloria erfüllen die Funktion des Erinnerns, die Lesungen die des Wiederholens und Credo und Predigt die des Durcharbeitens. Im Heiligen Abendmahle geschieht schließlich „Ganzheit als erfahrene Wirklichkeit“.

[328] Titel der amerikanischen Originalausgabe von 1959: Identity an the Life Cycle.

[329] Vgl. Lehr, Psychologie des Alterns, S. 53.

keit“[330] geht Erikson nach der Beschreibung von vier Lebensstadien in Kindheit und Jugend unter der Überschrift „Die drei Stadien des Erwachsenenlebens“[331] auf die besonderen entwicklungspsychologischen Herausforderungen von jungen Erwachsenen, Erwachsenen in der Lebensmitte und schließlich auch von alten Menschen ein. Die Aufgabe jedes Lebensalters besteht im Bewältigen der jeweiligen entwicklungspsychologischen Herausforderung. Dabei kann es ein Gelingen oder ein Scheitern geben. Für das Alter heißt diese Herausforderung: „Integrität gegen Verzweiflung und Ekel“[332]. „Integrität“ ist nach Erikson die „Frucht dieser sieben Stadien“[333] überhaupt: „Mangels einer klaren Definition möchte ich wenigstens auf einige Eigenschaften dieses seelischen Zustandes hinweisen. Er bedeutet die Annahme seines einen und einzigen Lebenszyklus und der Menschen, die in ihm notwendig da sein mußten und durch keine anderen ersetzt werden können.“[334] Aber auch ein Scheitern ist nach Erikson möglich: „Aber ich kann aus klinischer Erfahrung noch hinzufügen, daß Mangel oder Verlust dieser aufgespeicherten Ich-Integration sich in Verzweiflung und einer oft unbewußten Todesfurcht anzeigt: der eine und einzige Lebenszyklus wird nicht als das Leben schlechthin bejaht; in der Verzweiflung drückt sich das Gefühl aus, daß die Zeit kurz, zu kurz für den Versuch ist, ein neues Leben zu beginnen, andere Wege zur Integrität einzuschlagen.“[335]

Eriksons Ansatz hat nicht nur die säkulare Gerontologie geprägt,[336] sondern auch die sog. „Religonsgerontologie“. Sie spricht unter Aufnahme von Eriksons Ideal der Integrität im Alter von „gelingendem Alter“[337]. Der Gerontologe Andreas Kruse geht in seinem Buch „Das letzte Lebensjahr“ in einem ganzen Kapitel auf „Religiöse und spirituelle Bedürfnisse schwerkranker und sterbender Menschen“[338] ein. Er formuliert die „Erkenntnis, dass die Artikulation religiöser und spiritueller Bedürfnisse

[330] Erikson, Identität und Lebenszyklus, S. 55 – 122.
[331] A.a.O., S. 114 – 120.
[332] So lautet die Überschrift über den Abschnitt, der das Alter behandelt (Erikson, S. 118 – 120).
[333] A.a.O., S. 118.
[334] A.a.O.
[335] A.a.O., S. 119.
[336] Vgl. Lehr, S. 53.
[337] Vgl. Kunz, Was ist Religonsgerontologie? S. 19ff. Auch in der populärwissenschaftlichen, christlichen Lebenshilfeliteratur wird das Ziel des gelingenden Alterns gern aufgenommen, so z. B. bei Anselm Grün: Die hohe Kunst des Älterwerdens.
[338] Kruse, Das letzte Lebensjahr, S. 126 -143.

bei jenen Patienten, für die diese ein zentrales Lebensthema bilden, zur Stabilisierung des psychischen Gleichgewichts beiträgt"[339]. Der Bezug zu einer transzendenten „dritten Dimension" im kommunikativen Geschehen von Gebet und Gottesdienst „bildet die Grundlage dafür, dass diese Kommunikation eine heilende Wirkung entfaltet, wobei die Heilung hier nicht allein im Sinne der *restitiutio ad integrum*, also der Wiederherstellung der Leistungs- und Funktionsfähigkeit des Menschen verstanden wird, sondern auch im Sinne der *restitutio ad integritatem*, das heißt, der Wiederherstellung der Ganzheit der Person."[340]

Diese Erkenntnis liegt ganz auf der Ebene der therapeutischen Funktion des Gottesdienstes, wie sie von Thilo, Klie und Heymel explizit vertreten wird. Aber auch Depping und Fröchtling gehen in diese Richtung, wenn sie die positiven Wirkungen des Gottesdienstes für die physische, psychische und soziale Situation der alten Menschen herausstellen.

Die anthropologische Perspektive der therapeutischen Funktion des Gottesdienstes scheint mir in der gegenwärtigen Literatur zum Altenheimgottesdienst fast ein Monopol zu haben: Die rheinische Pfarrerin Karla Unterhansberg hat zahlreiche neuere Entwürfe für Altenheimgottesdienste untersucht und kommt zu dem Ergebnis, dass Altenheimgottesdienste alte Menschen „für die Bewältigung des Alltags stärken", und ein „spirituelles Wohlbefinden" fördern sollen.[341] Und entsprechend schließt das Buch von Felizitas Muntanjohl über „Gottesdienste, Rituale und Besuche in Pflegeheimen" mit der Äußerung einer Pflegekraft über die gemeinsame Aufgabe von Seelsorge und Pflege im Heim: „Denn das Ziel beider Gruppen ist ja eine möglichst hohe Lebensqualität für die Bewohner bis zum letzten Abschiednehmen."[342]

---

[339] A.a.O., S. 140.
[340] A.a.O., S. 142 (kursiv im Original). Vgl. auch das Konzept der Gerotranszendenz bei Lehr, S. 69.
[341] Unterhansberg, Gottesdienste in Alten- und Pflegeheimen. Impulse aus neuerer Literatur und Erfahrungen aus eigener Praxis, S. 68.
[342] Muntnajohl, Ich will euch tragen bis zum Alter hin, S. 176.

4.2.3 Kritische Würdigung des anthropologisch-therapeutischen Ansatzes

Es ist erfreulich, wie sehr die neuere Literatur zum Altenheimgottesdienst die physische, psychische und soziale Situation der alten Menschen ernst nimmt. Dabei wird der traditionelle, liturgische Gottesdienst aus dem Blickwinkel der Psychotherapie und der Gerontologie betrachtet, und es wird erkannt, welche heilsamen Wirkungen für den Lebensalltag von ihm ausgehen. In seiner therapeutischen Funktion lässt er sich in das Pflegekonzept eines Altenheimes integrieren und steht damit neben anderen Therapien im Heim, wie z. B. Physiotherapie, Ergotherapie, Musiktherapie, Gedächtnistraining etc.

Wenn der Gottesdienst im Altenheim sich allerdings auf diese therapeutische Ebene beschränkt, dann verliert er sein Alleinstellungsmerkmal und wird über kurz oder lang überflüssig, bzw. ersetzbar durch andere, vielleicht effektivere oder kostengünstigere Therapien. Thilo erinnert zu Beginn seiner Darstellung zu Recht an die mittelalterlichen Hospitäler, in denen Heil und Heilung verbunden waren. Thilo musste 1985 die damals in evangelischer Theologie und Praxis weitgehend vergessene gottesdienstliche Dimension der Heilung wiederentdecken. Er tat das mit Hilfe seines therapeutischen Konzepts. Heute haben sich die Gewichte m. E. ganz und gar ins Gegenteil verlagert: Gottesdienst als Heilung oder zumindest als Lebenshilfe ist plausibel. Von einem Heil, das mehr ist als Ich-Identität, Integrität oder Wohlbefinden, nämlich Gemeinschaft mit dem Dreieinigen Gott, die auch vom Tod nicht mehr zerstört werden kann, wird dagegen kaum noch gesprochen. Und wenn diese transzendente Dimension zu Sprache kommt, dann meist nur in ihrer Funktion als Lebenshilfe für das irdische Leben. Der Blick in die Geschichte des Hospitalwesens könnte heute – 35 Jahre nach Thilos Entdeckung der gottesdienstlichen Dimension der Heilung – zu einer Neuentdeckung der Dimension des Heils führen!

Ganz ähnlich kritisiert Hans-Martin Rieger in seinem Beitrag „Altern anerkennen und gestalten“ den funktionalen Ansatz der Religionsgerontologie und plädiert für einen religionsphänomenologischen Zugang: „Das Interesse eines religionsphänomenologischen Zugangs ist weniger ausgereift, so dass funktionale Fragestellungen dominieren, die das Selbstverständnis der religiösen Partizipanten häufig nicht mit der gleichen methodischen Sorgfalt berücksichtigen. Im Fokus des funktionalen Fragehorizonts steht – angesichts des Stellenwerts der Gesundheit im Alter verständlich – der grundsätzliche Zusammenhang von Religion bzw. Glaube und Gesundheit. Diese an sich mehrstellige und komplexe Beziehung wird dabei hauptsächlich nach dem Einfluss von Religion bzw. Glaube auf die Gesundheit befragt."[343] Rieger lenkt den Blick von Heilung auf Heil, wenn er fortfährt: „Religionsphänomenologische und theologische Zugänge vermögen außerdem den Blick dafür zu schärfen, dass es auch eine geistliche Form der Gesundheit geben kann, als Leben in der Nähe und für die Gegenwart Gottes."[344]

Rieger fragt schließlich nach „Recht und Grenze" funktionaler Sicht auf Religion und Glaube überhaupt und nennt vier Schwierigkeiten des funktionalen Ansatzes:

„Erstens ist beim Versuch einer funktionalen Bestimmung von angeblich allgemeiner Religiosität die *Abstraktion von der konkreten Inhaltlichkeit und von den konkreten Praxiskontexten* zu problematisieren. Sie ist aber auch für die das religiöse Selbstverständnis bestimmende Differenz von Gott und Götze insensitiv. Zweitens kann die Außenbestimmtheit – eine Funktion besteht in ihrer Wirkung – zur *Fremdbestimmung* werden. Die grundlegende Würde des Unbedingten wird nach dem Wert für den Menschen befragt und dadurch ent-wertet. M. Heidegger hat dies die ‚größte Blasphemie' genannt. Drittens bedeutet Funktionalität im Sinne des Äquivalenzfunktionalismus *Ersetzbarkeit.* R. Spaemann kritisierte daher, dass eine funktionale Fremdbestimmung des Glaubens, dringt sie in das Selbstverständnis der Glaubenden selbst vor, das Unbedingte zum Verschwinden bringe. ... Viertens besteht bei funktionalen Beschreibungen die Gefahr der Funktionalisierung, dass nämlich ein Phänomen in einer solchen Weise fremdbestimmt wird, dass es nur noch als Mittel zum Zweck erscheint. Im vorliegenden Fall würde dann Religion bzw. Glaube auf ein Therapeutikum, auf eine religiöse Ressource reduziert."[345]

---

[343] Rieger, S. 134f.
[344] A.a.O., S. 135.
[345] A.a.O., S. 138f. (kursiv im Original).

Diese Gefahren sehe ich auch für den Altenheimgottesdienst, wenn er auf die anthropologisch-therapeutische Dimension beschränkt wird. Tritt aber die theologische Dimension mit der Gottesbegegnung als primäres Ziel des Gottesdiensts hinzu, dann hat auch die therapeutische Funktion – gleichsam als sekundäres Ziel – ihr Recht. Es geht hier schlicht um das Gottsein Gottes und um das erste Gebot. Noch einmal Rieger: „Diese Schwierigkeiten zeigen die Abwege, auf die man geraten kann, wenn das Unbedingte und inhaltlich Konkrete eines religiösen Glaubens zum Bedingten und Austauschbaren herabgewürdigt wird, anstatt es um seiner selbst willen zu suchen. Das schließt aber nicht aus, dass Glaubende *auch* fragen, was sie an ihrem Glauben haben bzw. welche Funktionen er erfüllt. Nur werden sie sich immer wieder dessen gewahr sein, dass sie Gott nicht um der funktionalen Vorteile willen suchen bzw. verehren."[346]

An diese Gedanken anschließend soll das entwicklungspsychologische Konzept von Erikson, das in der Gerontologie eine so zentrale Rolle spielt, theologisch kritisiert werden: Gunda Schneider-Flume stellt das Altersideal der Integrität in Frage: „Die Frage, wer ich werde, wenn ich ausschließlich „ich selbst" werde, wird nicht gestellt. Wer bin ich, wenn ich unvertretbar und „endgültig" bin, bei abnehmenden Kräften im Zugehen auf mein Ende? Die Reife- und Ganzheitsvorstellung blendet den Gedanken an den armen, bedürftigen Menschen am Ende seines Lebens aus."[347] Schneider-Flume spricht stattdessen – mit Bezug auf Henning Luther – vom (alten) Menschen als „Fragment"[348]. Der „Mythos der Ganzheit" sei „eine einzige Lebenslüge"[349]. Ja, der Versuch des Menschen „in seiner selbst produzierten Vollkommenheit ... gottgleich" sein zu wollen, ist nach christlichem Verständnis Sünde.[350] So warnt Schneider-Flume Theologen vor einer einseitigen Fixierung auf die Humanwissenschaften: „Es ist ein folgenschwerer Irrtum, wenn Theologen meinen, sie könnten ... die Frage nach der Bestimmung des Menschen allein den Humanwissen-

346 A.a.O., S. 139 (kursiv im Original).
347 Schneider-Flume, Alter – Schicksal oder Gnade, S. 68.
348 A.a.O., S. 68ff.
349 A.a.O., S. 69. Selbst Ursula Lehr muss zugeben: „Die Mehrheit von sog. „durchschnittlichen" Lebensläufen würde den von Erikson genannten Kriterien einer „reifen" Persönlichkeit nicht entsprechen", vgl. Lehr, S. 53.
350 Vgl. Schneider-Flume, S. 69.

schaften oder den so genannten Lebenswissenschaften sowie für das Alter den Gerontologen überlassen."[351]

4.3 Die theologische Dimension des Altenheimgottesdienstes

Mit der kritischen Würdigung des anthropologisch-therapeutischen Ansatzes des Altenheimgottesdienstes ist bereits theologischer Boden betreten worden. Auch in den dargestellten Argumenten für den Hauptgottesdienst ist schon Theologisches zur Sprache gekommen, fraglich war bisher nur, inwiefern diesem ein Eigenrecht, ja, primäre Bedeutung zukommt, wie Rieger kritisch anfragt. In der Theologie geht es um Gott bzw. um die Gemeinschaft des Menschen mit Gott.

Schneider-Flume warnt vor unkritischer Rezeption gerontologischer Ansichten durch die Theologie. So sieht sie den Gottesdienst und besonders das Gotteslob – in bewusster Abgrenzung zum therapeutischen Ansatz – als Überwindung der Ich-Zentriertheit des Menschen: „Loben umschreibt die Lebensbewegung, in der Menschen aus sich herausgehen, indem sie der Freude über widerfahrenes Geschehen dankend Worte geben. ... Die Aktivität des Lobens macht deutlich, dass Freude, Lebensfreude nicht eine psychische Fähigkeit des in sich stabilisierten Ich ist, die es sich selbst zurechnen und bei sich selbst beliebig provozieren kann, sondern dass Freude auf der geschenkten Möglichkeit beruht, sich selbst zu überschreiten."[352] Schneider-Flume führt damit exegetische Einsichten weiter, wie ich sie im zweiten Teil dieser Arbeit zu Psalm 71 dargestellt habe: „Lobpreis im Sinne der Psalmen ist Lebenssteigerung und Lebensintensivierung dadurch, dass der Beter über sich hinausgeht und die Wirklichkeit noch einmal wahrnimmt in der Perspektive der von Gott auf ihn zukommenden Geschehnisse."[353] Ganz ähnlich verhält es sich mit der Klage: „Mit dem Klagegeschrei überschreiten die Beter die Situation ihres Elends. Das Ich bleibt nicht stecken in Selbstmitleid und Gejammer."[354] Denn: „Ein Mensch kann und soll nicht alles integrieren. Die Forderung der vollkommenen Integration verlangt von

[351] A.a.O., S. 31.
[352] A.a.O., S. 107.
[353] A.a.O.
[354] A.a.O., S. 112.

bedürftigen Menschen, dass sie psychische Helden sind und wirft sie so auf sich allein und ihre mehr oder weniger große Stärke zurück."[355]

Diese Kritik Schneider-Flumes macht noch einmal deutlich, was die theologische Dimension des Altenheimgottesdienstes ist: die Begegnung mit Gott oder wie ich es im biblisch-theologischen Teil der Arbeit formuliert habe, ein Weg aus der Gottverlassenheit in die Gottesnähe, ein Weg aus dem Gericht in die Gnade Gottes, ein Weg aus dem Tod ins Leben.[356]

Im Unterschied zur Fülle an neuer Literatur, welche die anthropologische Dimension des Altenheimgottesdienstes beschreibt, gibt es kaum Literatur, in der die theologische Dimension des Altenheimgottesdienste eingehend behandelt wird. Einen „Peter Brunner" für den Altenheimgottesdienst konnte ich nicht entdecken. Neben den zitierten Äußerungen von Gunda Schneider-Flume konnte ich einige hilfreiche Hinweise in Reinhard Slenczkas Monographie „Ziel und Ende" finden:

Im Kapitel „Seelsorge" schreibt Slenczka: „Gott handelt durch Wort und Sakrament am Menschen. Gegenstand christlicher Seelsorge ist daher nicht einfach der Mensch, wie er sich selbst reflektierend im Spiegel betrachtet, sondern es ist der Mensch, den Gott geschaffen hat, der durch seinen Abfall von Gott und durch die Auflehnung gegen sein Gebot unter die Herrschaft von Sünde, Teufel und Tod geraten ist; es ist der Mensch, für den der Sohn Gottes Mensch geworden ist, um ihn durch sein Todesleiden am Kreuz von Golgatha durch seine Überwindung des Todes und der Hölle wieder mit Gott zu versöhnen und ihn durch den Tod hindurch in die himmlische Herrlichkeit des Dreieinigen Gottes zu führen."[357]

Das kann ich auch auf den Gottesdienst beziehen. Slenczka betont die Wirkkraft von Gottes Wort und Sakrament, die im Unterschied zur Psychologie nicht nur auf

---

[355] A.a.O., S. 116.

[356] Deshalb sehe ich es als eine theologische Verkürzung an, wenn der Altenheimgottesdienst auf Lebensbewältigung beschränkt wird, wie das Heymel ausdrücklich tut: „Religion kann das Leben auch im Alter am ehesten dann erfüllen, wenn sie als Grundlage zur Bewältigung des Lebens und nicht zur Bewältigung des Sterbens verstanden und erlebt wird." (Heymel, S. 284). Stattdessen gehört beides m. E. unbedingt zusammen. Mit Rieger plädiere ich für „die Zusammengehörigkeit einer gottesdienstlich verstandenen ‚ars vivendi' und einer ebenso verstandenen ‚ars moriendi'." (Rieger, S. 132).

[357] Slenczka, Ziel und Ende, S. 201.

der Ebene des Bewusstseins, sondern ganzheitlich wirken.[358] So ist auch Glaube mehr als Information oder Verstehen, nämlich „gegenwärtiges Wirken und Anspruch des Dreieinigen Gottes in seinem Wort“[359].

Im Kapitel „Christliche Bereitung zum Sterben“ stellt Slenczka fest, „dass es für christliche Verkündigung und Seelsorge nicht darum gehen kann, Vorstellungen vergangener Zeiten für den heutigen Menschen verständlich zu machen, sondern es geht darum, Anfechtungen zu bestehen und Versuchungen auf dem Weg durch die Zeit zur Ewigkeit standzuhalten, die sich gerade in der Begegnung mit dem Tod aufdrängen. Unsere Hilflosigkeit, die sich in Sprachlosigkeit wie auch in Geschwätzigkeit äußern kann, hat gerade in diesem Bereich ihre Ursache darin, dass wir das Ringen der Mächte überhaupt nicht sehen und wahrhaben wollen“[360]. Nur der im Wort Gottes und in den Sakramenten wirksame Geist könne durch diese Anfechtungen hindurch tragen, so Slenczka weiter.

Slenczka wiederholt und bekräftigt klassische theologische Aussagen. An den vielen Bibelzitaten und Texten aus der Tradition, die er darbietet und auslegt, wird das deutlich. Ich stimme ihm auch zu, dass die Kategorie des Verstehens – gerade im Blick auf altersverwirrte Menschen – nicht die Monopolstellung im Gottesdienst haben darf und dass das Wirken Gottes durch Wort und Sakrament entscheidend ist. Aber dennoch fehlt mir bei ihm das Bemühen, Theologie und Anthropologie zu verbinden, so wie ich es als Aufgabe für eine liturgische Theorie formuliert habe. Slenczka stellt mit seiner ausschließlich theologischen Begründung von Gottesdienst und Seelsorge das andere Extrem zu einer nur anthropologischen Begründung dar. Beide bleiben schließlich die Vermittlungsaufgabe schuldig.

Es scheint mir so, als könne in der gegenwärtigen theologischen Situation diese Vermittlungsaufgabe methodisch nur „von unten“, d. h. von der Anthropologie her begonnen werden. Die entscheidende Frage ist dabei, ob die Verbindung zur Theologie hergestellt werden kann. Wegweisend ist m. E. Hans-Martin Riegers o. g. Auffor-

[358] Vgl. a.a.O., S. 204.
[359] A.a..O., S. 208.
[360] A.a.O., S. 270.

derung zu einem „religonsphänomenologischen Zugang“[361]. Michael Heymel erkennt dementsprechend in seinem Aufsatz „Was alten Menschen heilig ist“ diese Verbindung von Anthropologie und Theologie im Phänomen des Heiligen. Unter Berufung auf Manfred Josuttis beschreibt er als Ziel von Seelsorge und Gottesdienst, alte Menschen in den Bereich des Heiligen zu führen. Die „Umkehr zum Heiligen“ bewirke „Heilung und Heil“ und führe deshalb weiter als Psychotherapie. Dieser Ansatz eröffne „die Möglichkeit, kirchliche Altenarbeit mit einer *geistlichen Perspektive* zu vollziehen, die sich am Menschen als Person mit Leib und Seele orientiert.“[362] Angemerkt sei, dass Heymel damit eine Tradition fortsetzt, die ich unter der Überschrift „In der Nähe des Heiligen“ bereits für das mittelalterliche Hospital nachgewiesen habe, und die ihrerseits – wie dargelegt – biblische Wurzeln hat.

Dass es Manfred Josuttis mit seinem liturgischen Entwurf „Der Weg ins Leben“ gelungen ist, diese Vermittlungsaufgabe für unsere Zeit gelöst zu haben, versuche ich im Folgenden aufzuweisen. Sein Entwurf bezieht sich zwar nicht nur auf den Altenheimgottesdienst, sondern auf den Gottesdienst überhaupt. Aber schon die Tatsache, dass Josuttis' Entwurf in vielen Abhandlungen zum Thema Altenheimgottesdienst als wegweisender Beitrag zustimmend zitiert wird, deutet auf dessen Eignung gerade für den Gottesdienst mit alten Menschen.[363] Das wird nun bei der Darstellung dieses Entwurfs und bei der anschließenden Umsetzung in die Praxis zu zeigen sein.

4.4 Manfred Josuttis: Der Weg in das Leben[364]

Eine ausführliche Darstellung von Josuttis' Entwurf mit anschließender kritischer Würdigung kann im Rahmen dieser Arbeit nicht geleistet werden. Deshalb beschränke ich mich hier auf eine kommentierende Wiedergabe der Grundzüge seines

[361] Rieger, S. 134. Auf Seite 135 bezieht er diesen ausdrücklich auf einen theologischen Zugang!
[362] Heymel, S. 283. Mit Josuttis bezeichnet Heymel den Gottesdienst als *„heilige Handlung"* (S. 284) (kursiv im Original).
[363] So z. B. Fröchtling, S. 210f., 426f., 439f:, 451; Heymel, S. 281ff.; Klie, S. 458. Außerdem bezieht sich der Altenheimseelsorger und Autor verschiedener Praxishilfen zum Thema Gottesdienst und Seelsorge im Altenheim Burkhard Pechmann ausdrücklich auf Josuttis' Ansatz, vgl. Pechmann, Durch die Wintermonate des Lebens, S. 18.
[364] Die Seitenangaben aus diesem Buch füge ich im fortlaufenden Text in Klammern ein.

Ansatzes im Blick auf das Verhältnis von Anthropologie und Theologie und dessen Eignung für den Altenheimgottesdienst.

Karl-Heinrich Bieritz schreibt in seiner „Anthropologischen Grundlegung“ über die liturgische Anthropologie: „Wendet sich ihre Aufmerksamkeit der physisch-psychischen Verfasstheit des den Gottesdienst feiernden Menschen zu, kommt sie ohne Bezugnahme auf lebens- und verhaltenswissenschaftliche (Josuttis 1991) wie psychologische Theoriebildung nicht aus.“[365]

Bieritz verweist dabei auf Josuttis’ 1991 erschienenen Entwurf „Der Weg in das Leben“, der den programmatischen Untertitel trägt: „Eine Einführung in den Gottesdienst auf verhaltenswissenschaftlicher Grundlage“.

Der verhaltenswissenschaftliche Ansatz hat eine besondere Affinität zum Gottesdienst im Altenheim: Wie im ersten Teil dieser Arbeit dargelegt, ist die Gerontologie ursprünglich ein „Spezialgebiet der Verhaltenswissenschaften“[366] gewesen. Dazu passt, dass es Josuttis um das Verhalten der Gottesdienst feiernden Gemeinde (und nicht des Liturgen) geht. Das bedeutet für den Altenheimgottesdienst: Die alten Menschen sind nicht Statisten in diesem Gottesdienstverständnis, sondern ihnen gilt die besondere Aufmerksamkeit!

Mit dem verhaltenswissenschaftlichen Ansatz vermeidet Josuttis zudem die typisch protestantische Fixierung auf das Sprachgeschehen im Gottesdienst, wie sie charakteristisch in Luthers sog. „Torgauer Formel“[367] zum Ausdruck kommt. Mit der Perspektive des Verhaltens – zu der die Sprache *neben* anderen Verhaltensäußerungen *auch* gehört – schafft Josuttis einen weiten Raum für den Gottesdienst, in dem auch alte Menschen noch Platz haben, deren sprachliche Fähigkeiten eingeschränkt oder ganz erloschen sind.

Auch Josuttis’ im Vorwort geäußerte, grundsätzlich konservative Intention, den traditionellen Hauptgottesdienst nach Agende I in seinen verschiedenen Dimensionen nicht zu reformieren, sondern erst einmal zu verstehen, passt sehr gut zu den unter

---

[365] Bieritz, in: Handbuch der Liturgik, S. 98f.

[366] Lehr, S. 17.

[367] In seiner Predigt bei der Einweihung der Torgauer Schlosskirche am 5. Oktober 1544 sagt Luther über den Gottesdienst: „... dass nichts anderes darin geschehe, als dass unser lieber Herr selbst mit uns rede durch sein heiliges Wort und wie wiederum mit ihm reden durch Gebet und Lobgesang.“ (Zitiert nach EGb, S. 6).

Punkt 4.2 genannten Argumenten für den Hauptgottesdienst im Altenheim. Josuttis verfasst sein Buch in Zeiten intensiver Reformbemühungen um eine erneuerte Agende (das spätere EGb). Er befürchtet, dass die „Tiefendimension kultischer Realtiät"(9), die in der traditionellen Agende noch enthalten ist, durch unbedachte Reformen verloren gehen könne. Denn er misstraut einem Protestantismus, der die „Ideologie einer Totalsäkularisierung des Kults"(12) vorantreibe. Deshalb brauche es eine „theologische Liturgik", die „das kultische Handeln für das Bewußtsein der evangelischen Kirche wieder zugänglich" mache(9).

Auch wenn der verhaltenswissenschaftliche Ansatz einen zunächst anthropologischen Zugang zum Gottesdienst bietet, so geht es Josuttis doch letztlich um eine dezidiert *theologische* Liturgik,[368] wobei die beiden Aspekte für ihn keinen Widerspruch darstellen, sondern zusammenfallen: Programmatisch formuliert er unter Aufnahme und Ausweitung einer klassischen, sakramentstheologischen Formel: Im Gottesdienst geschieht „in, mit und unter menschlichem Verhalten Gottes Handeln"(10). Das ist die kürzeste Zusammenfassung der liturgietheoretischen These einer Vermittlung von Anthropologie und Theologie bei Josuttis!

Was die theologische Beurteilung von Josuttis' Ansatz erschwert, ist seine untheologische Begrifflichkeit. Er ist davon überzeugt, dass die bisherige theologische und dogmatische Terminologie in Bezug auf den Gottesdienst „verbraucht" ist, wenn er fordert: Nur „eine theologisch unverbrauchte Begrifflichkeit kann die Lebendigkeit wie das Geheimnis des Gottesdienstes entdecken helfen."(9) Die Ablehnung theologischer und dogmatischer Begriffe bedeutet bei ihm nicht die Abkehr vom traditionellen christlichen Glauben. Im Gegenteil! Er ist der Meinung, dass die traditionelle dogmatische Terminologie Menschen heute nicht mehr hilft, das, was eigentlich in ihnen liegt, zu erschließen. Ich möchte Josuttis' Abkehr von dieser Terminologie deshalb als „taktischen Schachzug" bezeichnen: Das, was diese Begriffe einmal sichern wollten, nämlich das Geheimnis des Gottesdienstes, können sie heute scheinbar nicht mehr sichern. Und so schreibt Josuttis: „Um ein solches Ziel zu erreichen, muß

[368] Nicol spricht sogar von einem „radikal theozentrischen Ansatz" bei Josuttis, den Nicol zustimmend - mit gewissen Modifikationen - übernimmt! (Nicol, Weg im Geheimnis, S. 25, vgl. auch S. 31 und 40. Schon der von Nicol gewählte Titel zeigt die Nähe zu Josuttis!).

man gegenwärtig freilich auf dogmatische Formeln und exegetische Selbstverständlichkeiten verzichten. Die befremdliche Abgründigkeit gottesdienstlicher Praxis erschließt sich heute erst mit Hilfe fremdartiger Kategorien. Liturgische Orthodoxie erwächst aus Einsichten von Ethnologie und Ethologie, von Sozialpsychologie und Religionsphänomenologie."(9) Und so hat Josuttis den hohen Anspruch, ausgehend vom „Verhaltensbereich einen Blick auf das Ganze des Gottesdienstes ... werfen."(11)

Der Gottesdienst ist für Josuttis „Der Weg ins Leben"(9). Diesen Weg beschreibt er als „Verhaltenssequenz"(11) in sieben Schritten: Gehen – Sitzen – Sehen – Singen – Hören – Essen – Gehen. Diese sieben Verhaltensweisen bilden die Gliederung für sein Buch: Nacheinander behandelt er sie in je einem Kapitel. Doch zuvor erläutert er im Kapitel „Verhalten" sein methodisches Vorgehen:

Er analysiert die einzelnen Verhaltensschritte jeweils auf biologischer, soziologischer, psychologischer und phänomenologischer Ebene:

- Mit Hilfe der Ethologie weist er auf der *biologischen* Ebene nach, dass menschliches Verhalten in großem Ausmaß erblich ist. Das betrifft auch Verhaltenssequenzen wie das Feiern von Festen, die in allen Kulturen nach einem bestimmten Schema ablaufen.(20) Das bedeutet, dass auch das religiöse Ritualverhalten grundlegend genetisch determiniert ist! Aber so wie alle biologischen Prozesse könne sich auch dieses Verhalten verändern, indem es sich auf evolutionäre Weise veränderten Lebensbedingungen anpasse. In diesem der ganzen Schöpfung erblich eingestifteten Verhalten sieht Josuttis den Grund für die biblische Rede vom Gotteslob der ganzen Schöpfung!(21)

In Josuttis' These von erblich determiniertem Verhalten erkenne ich eine wesentliche Ursache für seinen konservativen Ansatz: Liturgisches Verhalten kann danach eben nicht einfach beliebig nach funktionalen Gesichtspunkten gestaltet werden, sondern entwickelt sich allenfalls evolutionär.[369] Mit der biologischen Begründung

[369] Dieser These von Josuttis widerspricht Bieritz mit dem Insistieren auf der grundsätzlichen „hermeneutischen ... Tätigkeit selbst-bewusster menschlicher Subjekte" (Anthropologische Grundlegung, S. 112). Hier zeigt sich der klassische, empirisch wohl nie eindeutig zu entscheidende Meinungsstreit über die Frage ob und inwieweit Verhalten vererbt oder anerzogen ist. Dabei wird es wohl letztlich immer nur um die Anteile gehen, die beiden Alternativen zugeordnet werden. Auch für Josuttis ist nur ein Teil menschlichen Verhaltens genetisch determiniert, wie seine weiteren Ausführungen zeigen werden.

von Ritualverhalten befindet sich Josuttis theologisch im Bereich des ersten Glaubensartikels. Dieser ist für ihn im eigentlichen Wortsinn grundlegend, da er vom Phänomen der Religion ausgeht. Mit seiner positiven Sicht von Religion folgt er einem theologischen Ansatz, der im Widerspruch zur radikalen Religionskritik der Dialektischen Theologie steht.[370]

Für den Altenheimgottesdienst eröffnet die Lokalisierung von Verhalten auf der elementaren biologischen (geschöpflichen) Ebene die Chance, dass dieses Verhalten auch dann noch vorhanden ist, wenn angelerntes Verhalten längst schon vergessen ist, bzw. dass Menschen, die nie religiös sozialisiert worden sind, auf dieser elementaren Ebene auch im Alter noch einen Zugang zum Gottesdienst bekommen können!

- Aber nicht alles Verhalten ist erblich festgelegt. Die Ethnologie zeigt die *soziale* Dimension des Verhaltens. Josuttis beschreibt Prinzipien des Gruppenverhaltens z. B. bei Initialakten, die zu einer Ritualisierung von Verhalten führen, um die Gruppe zu stabilisieren und Kommunikation zu erleichtern.(22f.)

- Die *Psychologie* wiederum erschließt Verhalten als Ausdruck interner Motivationsvorgänge. Besonders die Psychoanalyse habe Entscheidendes zu Symbol und Ritual zu sagen, die zu einem tieferen Verständnis des Gottesdienstes geführt haben. Josuttis verweist u. a. auf Thilos Ansatz von der therapeutischen Funktion des Gottesdienstes und hebt den Aspekt der Lebensbewältigung durch Rituale hervor.(29)

Josuttis integriert mit den beiden letztgenannten Ebenen (soziologisch und psychologisch) die unter 4.2.2 beschriebene therapeutische Funktion in sein Liturgieverständnis. Aber er bleibt dabei nicht stehen. Es ist für ihn nicht der Endzweck von Liturgie.

- So fragt Josuttis schließlich unter dem Stichwort „Philosophie“ „nach der Realität, die sich im Kult konstituiert“(30). Er geht damit bewusst über die genetische und funktionale Betrachtungsweise von Ritual und Symbol hinaus. Ich habe den Eindruck, dass die bisher genannten Ebenen des Verhaltens – die biologische, die soziologische und die psychologische – wie Stufen einer Leiter zu dieser letzten und

[370] Josuttis, der 33 Jahre in Göttingen gelehrt hat, steht damit in der Tradition der „Religionsgeschichtlichen Schule“, die vor gut 100 Jahren von Göttingen aus maßgeblich geprägt worden ist.

höchsten Stufe führen. Erst jetzt ist Josuttis am Ziel angelangt: bei der „*phänomenologischen* Wahrnehmung“(30, kursiv G.N.).

Dabei bezieht er sich auf den bis 1993 in Kiel lehrenden Philosophen Hermann Schmitz und sein phänomenologisch orientiertes „System der Philosophie“(32). Phänomenologie meint hier weit mehr als die nur objektiv-distanzierte Beschreibung von Phänomenen. Im Blick auf die Religion sagt Josuttis mit Zitaten von Schmitz: „Weil Religion ‚Verhalten aus Betroffensein vom Göttlichen' ist, besteht die Aufgabe der phänomenologischen Analyse darin, ‚unwillkürliche Evidenzen aufzudecken, die das Vorkommen von Göttlichem so bezeugen, daß sich der Betrachtende ihrem Zeugnis bei eindringlicher Vertiefung nicht im Ernst entziehen kann, so wenig, wie dem Zugeständnis, daß Schall sich ereignet, wenn er sich oder andere sprechen hört'.[371]“(32f.)

Für Schmitz ist unsere Wirklichkeit von überpersönlichen Atmosphären bestimmt, die zwar gefühlsmäßig wahrnehmbar sind, aber nicht im Gefühl aufgehen. Atmosphären ergreifen den Menschen ganzheitlich und durchdringen ihn. Sie stehen dem Menschen aber nicht wie ein Objekt gegenüber, sondern sind „trans- oder besser praeobjektiv“[372](33). Schmitz führt als Beispiel für die Erfahrung solcher Atmosphären die alltägliche Äußerung an: „Es liegt etwas in der Luft“(33)[373]. Auch den Heiligen Geist identifiziert Schmitz mit einer Atmosphäre. Unter Berufung auf Geisterfahrungen der ersten Christen wie sie z. B. in Act. 13, 52 geschildert werden („Die Jünger aber wurden erfüllt von Freude und heiligem Geist.“) und die durch den Verzicht auf den bestimmten Artikel ein unpersönliches Verständnis des Heiligen Geistes vermuten lassen, schließt Schmitz, „daß der heilige Geist den ursprünglichen Christen in Zusammenhängen, die dem unbefangenen Betroffensein besonders nahestehen und Platz geben, nach Art eines Gefühls und in inniger Verschmelzung mit Gefühlen als Atmosphäre vertraut war, in der man so lebt oder aufgeht, daß es fremdartig klänge, mit dem bestimmten Artikel auf sie wie auf eine Figur oder Person hinzuweisen.“[374](33)

---

[371] Schmitz, Das Göttliche und der Raum, S. 3.
[372] Schmitz, Der Gefühlsraum, S. 102.
[373] A.a.O., S. 100.
[374] Schmitz, Das Göttliche und der Raum, S. 16.

An diesem Punkt stellt sich für mich die kritische Zwischenfrage, inwieweit sich Schmitz' philosophische Auffassung von einer überpersönlichen, göttlichen Atmosphäre mit dem christlichen Verständnis eines persönlichen Gottes vereinbaren lässt? Kann Schmitz' Ansatz die philosophische Grundlage einer christlichen Liturgik sein? Josuttis ist sich durchaus bewusst, dass Schmitz „keineswegs die Interessen einer positiven Religion" vertritt(34). „Dennoch", so fährt er fort, „kann man als Theologe und Liturgiewissenschaftler von seinem Entwurf bei aller möglichen Kritik an Einzelaussagen viel lernen:

- die genaue Beobachtung, die geduldige Erörterung und die schonsame Interpretation der Phänomene auch im Handlungsfeld des Kults;

- den Verzicht auf einen psychologischen und sozialpsychologischen Reduktionismus, der das religiöse Verhalten von außerreligiösen Faktoren herleitet und in seiner Leistung für außerreligiöse Bereiche bewertet;

- überhaupt die Preisgabe einer Einstellung, die das Betroffensein von Göttlichem anthropozentrisch und subjektivistisch, in einer religiösen Anlage, in den ‚Bedürfnissen der Menschen nach Bergung, Rettung und Heil' fundiert."(34)

Schmitz philosophisches System birgt eine Menge Sprengstoff für ein neuzeitliches Wirklichkeitsverständnis, in dem Gott außerhalb des menschlichen Bewusstseins keinen eigenen Ort mehr hat. Diese Sicht versucht Schmitz mit seinem phänomenologischen Ansatz aufzubrechen. Ich möchte fast von der Wiederentdeckung der – seit Immanuel Kant aus dem wissenschaftlichen Diskurs verbannten – transzendenten Metaphysik sprechen! Weil Josuttis diesen (revolutionären und / oder restaurativen?) Ansatz in die Praktische Theologie überführt, wird er an diesem Punkt auch am heftigsten kritisiert: Karl-Heinrich Bieritz bestreitet, ausgehend von einem Wirklichkeitsverständnis, das auf Karl R. Poppers „Drei-Welten-Theorie" (1. geschöpfliche Welt, 2. personale Welt, 3. kulturelle Welt)[375] aufbaut, die Existenz einer gleichsam „vierten Welt" wirkender Atmosphären bzw. der „Macht des Heiligen"(wie Josuttis die göttliche Atmosphäre auch nennt). Biertz kritisert, dass Josuttis damit eine Wirk-

[375] Vgl. Bieritz, Anthropologische Grundlegung, S. 99.

lichkeitsdimension jenseits menschlichen Bewusstseins und menschlicher Personalität behaupte.[376]

Für den Altenheimgottesdienst ist mir aber gerade dieser Ansatz von Josuttis so wichtig, weil er mir einerseits die Hoffnung gibt, dass dort etwas Heilsames geschieht, auch an den alten Menschen, deren Bewusstsein getrübt und deren Personalität nur noch ein Fragment ist. Ohne diese Hoffnung könnte ich nicht Woche für Woche im Altenheim Gottesdienst halten. Sie ist m. E. auch biblisch begründet in den o. g. Verheißungen für Schwache und Bedürftige. Gerade die Passivität des Gnadenempfangs, das „sola gratia" macht eine Wirklichkeit des Handelns Gottes notwendig, die nicht von kognitiven menschlichen Fähigkeiten abhängig sein darf! Schmitz' Bild von der „ganzheitlich umgreifenden Atmosphäre", die sich elementarem und – wie unten gezeigt wird – auch rudimentärem Verhalten erschließt, wird der im ersten Teil beschriebenen Situation alter Menschen im Heim in ihrer Entsprechung zu einer ganzheitlichen Pflege besser gerecht als ein nur bewusstseinszentrierter Ansatz. Das Bild von der „ganzheitlich umgreifenden Atmosphäre" entspricht einem Gott, der alte Menschen „hebt und trägt und errettet"(Jes. 46, 4). Andererseits hilft mir der Ansatz von Josuttis wahrzunehmen und zu verstehen, was – in, mit und unter physischen, psychischen, sozialen Prozessen und darüber hinaus! – geschieht, wenn im Gottesdienst unruhige Menschen auf einmal ruhig werden, Aggressive friedlich werden, Traurige getröstet werden und wenn sie mir am Ausgang sagen: „Ich habe nun neue Kraft bekommen."

Es ist gewiss kein Zufall, dass die göttliche Atmosphäre bei Schmitz mit dem Heiligen Geist identifiziert wird. Josuttis stellt diese Verbindung immer wieder her, indem er den Begriff der göttlichen Atmosphäre z. B. mit der biblischen Rede von der „Herrlichkeit des Herrn" als einem terminus technicus für die Theophanie Gottes im Tempel hervorhebt und auf die Visionen des Hesekiel und des Jesaja (besonders Jes.6, 3 spielt ein große Rolle für Josuttis) verweist.(72) Die phänomenologische Rede von der göttlichen Atmosphäre bzw. von der Macht des Heiligen, verstanden als Heiliger Geist, bildet den Kern von Jouttis' Ansatz. Theologisch gesehen steht bei

[376] Vgl. a.a.O., S. 112.

ihm also die Pneumatologie im Zentrum. Ich sehe hierin eine weitere Parallele zur historischen Entwicklung: Wusste man doch im Hospital ebenfalls um die große Bedeutung des Heiligen Geistes auf dem letzten Weg alter Menschen, so dass viele Hospitäler unter Sein Patronat gestellt wurden.

Gerade beim Gottesdienst im Altenheim wird mir angesichts eigener Ohnmachtserfahrung besonders bewusst, wie wichtig das Wirken des Heiligen Geistes durch Gottes Wort und Sakrament ist. Die Tatsache, dass Josuttis dieses Wirken methodisch an menschliches Verhalten bindet, steht dazu m. E. nicht im Widerspruch, da auch bei Josuttis „Hören" und „Essen" – also ein empfangendes Verhalten in Bezug auf Wort und Sakrament – Ziel und Zentrum des Gottesdienstes sind.(47) Der phänomenologische Ansatz von Josuttis kann deshalb mit gutem Recht als „spirituell" bezeichnet werden.[377]

Die sieben Schritte menschlichen Verhaltens im Gottesdienst stellen für Josuttis einen Weg dar, den die Agende vorgibt. Weil der Weg in die Wirklichkeit des Göttlichen auch gefährlich sein kann, ist es gut, mit der Agende einen traditionsbewährten Weg zu wählen, und sich so „der Wirklichkeit des Göttlichen auf angemessene Weise zu nähern."(34) Die menschliche Ohnmacht, aus eigener Kraft diesem Weg zu gehen und die damit verbundene Unverfügbarkeit Gottes beschreibt Josuttis als „Paradoxie allen religiösen Verhaltens": „Wer sich der Realität des Göttlichen auszusetzen versucht, muß etwas tun in einem Lebensbereich, in dem kein Mensch etwas tun kann. Das kultische Ritual ist durchaus eine Technik zur Erschließung von Wirklichkeit. Aber weil die Wirklichkeit des Heiligen eine Macht darstellt und Menschen mit unbedingtem Ernst angeht, entzieht sie sich allem menschlichen Bemächtigungs- und Verwertungsstreben."(35) Unter dieser Voraussetzung beschreibt Josuttis den Gottesdienst als „Weg ins Leben" und bedient sich dabei auch der Sprache der Mystik: „Die einzelnen Etappen, die den liturgischen Vollzug strukturieren, sind Schritte einer Bewegung, die zur Begegnung mit dem Heiligen führt. Das menschliche Verhalten, das hier abläuft, kommt in der Vereinigung mit der Gottheit zum Ziel. Eine naheliegende Analogie bietet das mystische Erleben."(162) Wenn man den Gottesdienst

[377] Vgl. Ratzmann, Was ist Gottesdienst?, S. 22.

traditionell in Gebets-, Wort- und Sakramentsgottesdienst gliedert, dann entsprechen diese Teile den Stufen des mystischen Weges: „purificatio, illuminatio und unio"(162).

Mystische Erfahrung ist nicht spezifisch christlich. Es gibt sie in vielen Religionen. Sie kann in meinen Augen auch ein hybrider Versuch der Selbsterlösung sein, wenn Menschen diesen Weg aus eigener Kraft gehen wollen. Christliche Mystik dagegen kennt diesen Weg ausschließlich als Wirkung des Heiligen Geistes[378] – durch Wort und Sakrament vermittelt. CA V verwirft alle menschlichen Versuche, „qui sentiunt spiritum sanctum contingere hominibus sine verbo externo per ipsorum praeparationes et opera."[379]

Für Josuttis ist die Präparation sehr wichtig. Sie hat bei ihm einen größeren Stellenwert als sonst in evangelischer Theologie und Praxis. Im weiteren Sinn kann er die ersten fünf Schritte auf dem Verhaltensweg (Gehen – Sitzen – Sehen –Singen – Hören) als Präparation verstehen auf die „Vereinigung" mit Christus im Heiligen Abendmahl, die Josuttis als „Ziel" des Weges ins Leben bezeichnet.(247) Aber diese Präparation geschieht nicht „sine verbo externo": Nachdem er die „Reinigung" im Gebetsteil des Gottesdienstes beschrieben hat, kommt er auf die „Erleuchtung" durch Schriftlesungen und Predigt zu sprechen: „Hier bricht ein verbum externum in die Todeswirklichkeit ein, das Horizonte eröffnet, Zukunft schenkt und neue Lebensmöglichkeiten bereitstellt."(162)

Die reformatorische Abgrenzung gegen ein unevangelisches Verständnis von Präparation wie sie in CA V, aber auch im Kleinen Katechismus[380] zum Ausdruck kommt, hat wirkungsgeschichtlich leider zur Vernachlässigung dieses Aspekts beim Gottesdienst geführt. Aber gerade der Gottesdienst im Altenheim muss der Präparation der Teilnehmenden viel Zeit und Aufmerksamkeit widmen!

---

[378] Bereits die lutherische Orthodoxie konnte auf die Terminologie der Mystik zurückgreifen: Unter der Überschrift „De gratia spiritus s. applicatrice" zählt Heinrich Schmid in § 43 seiner „Dogmatik der evangelisch lutherischen Kirche" „Wirkungen des Hl. Geistes" auf: „Nach der Ordnung, in der dieser sie hervorbringt, zählen wir: 1. vocatio; 2. illuminatio; 3. regeneratio et conversio; 4. unio mystica; 5. renovatio." (S. 282).

[379] BSLK, S. 58, 4.

[380] Auch hier als Vorbereitung auf den Empfang des Heiligen Abendmahls verstanden: „Fasten und leiblich sich bereiten ist wohl eine feine äußerliche Zucht, aber der ist recht wirdig und geschickt, wer den Glauben hat an diese Wort: ..." (BSLK, S. 521, 10).

Theologisch bleibt mir noch die Frage nach dem spezifisch Christlichen in Josuttis' Gottesdienstverständnis. Indem es sein Ziel ist, die kultische Dimension im evangelischen Gottesdienst – und damit eine allgemein religiöse Dimension – vor einer „protestantischen Totalsäkularisierung“ zu bewahren, liegt der Akzent bei ihm sachlich und methodisch begründet nicht auf der expliziten Christologie. Die bewusst nichttheologische Begrifflichkeit erschwert zudem eine theologische Beurteilung. Die oben erwähnte Schöpfungstheologie und Pneumatologie sind an und für sich nicht christologisch eingebunden und können auch auf andere Religionen bezogen werden. Selbst die Rede von der Erleuchtung durch, und die Vereinigung mit dem Erlöser ist nicht zwingend auf Jesus Christus zu beziehen. Josuttis selbst sieht das christliche Proprium auf der sprachlichen Ebene: „Allenfalls in den sprachlichen Elementen, etwa im Namen der Gottheit und des Erlösers, dürfte es faßbare Besonderheiten des christlichen Kultes geben.“(38) Wenn er in diesem Zusammenhang auch die große Bedeutung des Namens Gottes herausstellt, tut er das in Übereinstimmung mit dem biblischen Zeugnis.

Weil Josuttis in seinem Ansatz beim Verhalten ja gerade einer Verengung der Gottesdienstperspektive auf die sprachliche Ebene wehren will, muss er in der Frage nach dem spezifisch Christlichen vieles offen lassen. Ich möchte es so zusammenfassen: Die Verhaltensdimension des Gottesdienstes ist allgemein religiös im Sinne einer geschöpflichen Setzung. Die Wahrheitsfrage aber lässt sich nur auf der sprachlichen Ebene beantworten, wie Josuttis unter der Überschrift „Sprache und Schutz“ (226-229) ausführt: „Im Stimmengewirr der Religions- und der Weltgeschichte soll das eine heilvolle Wort der Lebensbejahung nicht vergessen werden. Das kollektive Gedächtnis der Kirche muß vor häretischen Verfälschungen und heidnischen Überfremdungen geschützt werden“(227). Weil das Heilige auch „zerstörerisch wirken“ könne(227), muss die Agende „deshalb menschliches Verhalten im religiösen Ritual ... regulieren“(228). Das geschehe eben gerade auf der sprachlichen Ebene. Dass Josuttis zu dieser sprachlichen Ebene der Agende erst ab Seite 230 kommt, zeigt sein Interesse an den vorsprachlichen Ebenen des Gottesdienstes. Gerade diese Ebenen sind auch für den Altenheimgottesdienst so wichtig, ohne dass sie gegen die sprachliche Ebene ausgespielt werden dürfen. Dass für Josuttis Jesus Christus derjenige ist, der Menschen erleuchtet, macht er durch das Zitat von Joh. 8, 12 deutlich.(244)[381]

Ich komme deshalb zu dem Ergebnis, dass Manfred Josuttis mit „Der Weg ins Leben" eine Liturgietheorie bietet, die für den Gottesdienst im Altenheim sehr gut geeignet ist. Sie verbindet nicht nur Anthropologie und Theologie, sondern kann gerade alten Menschen auf ihrem letzten Weg einen Horizont jenseits der Todeswirklichkeit eröffnen. Ich schließe diesen Teil mit einer Bemerkung von Josuttis, die er an anderer Stelle zum Thema „Rituale im Alter" schreibt: „Das Altenheim ist nicht nur Endstation, sondern auch Wartesaal. Die Frage ist nur, wohin der letzte Weg führt – in die Verwesung, zur Hölle oder in das himmlische Reich."[382]

Damit das Warten und dieser letzte Weg für alte Menschen erträglich wird und sie schließlich in Gottes Reich führt, lohnt es sich, mit ihnen regelmäßig den „Weg ins Leben" zu gehen.

[381] In dem 2009 erschienen Buch „Erleuchte uns mit deinem Licht. Gedanken und Gebete zu den Gottesdiensten des Kirchenjahres" schließt Josuttis diese Lücke. In einem von ihm formulierten Kollektengebet zum Weihnachtsfestkreis wird deutlich, dass er Jesus Christus als Erfüllung und Vollendung aller religiösen Sehnsüchte ansieht: „Herr, ewiger und allmächtiger Gott. Dein Sohn ist zu uns gekommen und hat gebracht, was die Propheten angekündigt und was die Menschen in ihren Religionen ersehnt haben:" Und in den „Gedanken" schreibt er über die Verlegung des Geburtstermins Jesu auf den 25. Dezember: „Am römischen Geburtsfest der Sonne sollte klargestellt werden, wer das wahre und einzige Licht des Lebens ist." (S. 31).

[382] Josuttis, Rituale im Alter, S. 131.

5. Von der Theorie zur Praxis: Der Altenheimgottesdienst als „Weg ins Leben“

Das Verhalten alter Menschen kann unter physischen, psychischen und sozialen Gesichtspunkten als regressiv bezeichnet werden. Insbesondere auf der körperlichen Ebene setzt eine im Vergleich zur frühkindlichen Entwicklung rückläufige Bewegung ein: Während das Kind von Anfang an im Mutterleib durch die Nabelschnur ernährt wird, entwickelt es etwas später, aber ebenfalls noch im Mutterleib, die Fähigkeit zu hören. Mit der Geburt stößt das Kind seinen ersten Schrei aus – es kann nun Laute von sich geben und dann auch sehen. Nach einiger Zeit lernt es zu sitzen, und schließlich wird es gehen.

In umgekehrter Reihenfolge können sich diese Verhaltensweisen bei alten Menschen zurückbilden, wie im ersten Teil dieser Arbeit dargestellt wurde: Das Gehen wird zum Problem. Irgendwann kann der alte Mensch nicht einmal mehr sitzen, er wird bettlägerig. Die Sehfähigkeit schwindet, das Sprechen fällt ihm schwerer, bis er schließlich nur noch unverständliche Laute von sich gibt und ganz verstummt. Und wenn er dann auch nicht mehr hört, so wird er doch bis zum Schluss noch ernährt. Die Schläuche für die künstliche Ernährung können dabei durchaus an eine Nabelschnur erinnern. Erst wenn der Mensch schlussendlich auch keine Nahrung mehr aufnimmt, tritt unweigerlich der Tod ein.[383]

Die Verhaltensschritte, mit denen Josuttis den „Weg ins Leben“ beschreibt, entsprechen genau dem Weg der Regression beim alten Menschen:[384] Gehen – Sitzen – Sehen – Singen – Hören – Essen. Während eine rein anthropologische Sicht darin ausschließlich eine Regression sehen kann, erkennt die theologische Sicht auch eine Progression: den Weg ins Leben. Dieser Weg ins Leben unterscheidet sich allerdings vom Weg ins Leben bei der Geburt eines Kindes: Dieser führt in das irdische Leben,

[383] Ich habe den individuell sehr unterschiedlich ablaufenden Prozess des Alterns hier bewusst verallgemeinernd dargestellt.

[384] „In der Folge von Gehen, Sitzen, Sehen und Singen geht es immer weiter zurück in jene Ursituation, in der für jeden Menschen mit dem Akt des Hörens die Selbst- und Welterfahrung beginnt.“ (S. 205). Noch einen Schritt weiter zurück – also vor der Ausbildung des Bewusstseins – tritt die Nahrungsaufnahme.

das schließlich mit dem Tod endet, jener aber führt durch den Tod in das ewige Leben.

Josuttis sagt es an anderer Stelle so: „Aber ist der altersverwirrte Mensch wirklich, wie man gemeinhin annimmt, auf dem Weg der Regression? Fällt er nur zurück in frühkindliche Verhaltens- und Wahrnehmungsmuster? Oder befindet er sich nicht doch *auch* in einer Bewegung der Progression, der Bewegung in eine neue unfassliche Phase des Welterlebens?“[385]

Diese Progression habe ich im zweiten Teil dieser Arbeit beschrieben als Progression von der Schwäche zur Weisheit, von der Gottverlassenheit zur Gottesnähe, vom Gericht zur Gnade, vom Tod zum Leben. Sie geschieht aber nicht automatisch, sondern durch Jesus Christus im Heiligen Geist. Die christliche Tradition kann sie in einem Liedvers so beschreiben:

„Ob mir schon die Augen brechen, das Gehör auch gar verschwind't,
meine Zung nicht mehr kann sprechen, mein Verstand sich nicht besinnt,
bist du doch mein Licht, mein Wort, Leben, Weg und Himmelspfort;
du wirst selig mich regieren, die recht Bahn zum Himmel führen.“[386]

Indem die Verhaltensschritte des Gottesdienstes in Josuttis' „Der Weg in das Leben“ der anthropologisch-biographischen Regression als theologische Progression entsprechen, ist jeder Gottesdienst gleichzeitig Einübung und Hilfe auf dem Weg ins ewige Leben.

Wenn ich nun die Praxis des Altenheimgottesdienstes beschreibe, dann folge ich dabei methodisch Josuttis' „Der Weg in das Leben“[387]: Ich gliedere meine Darstellung nach den sieben Verhaltensschritten Gehen-Sitzen-Sehen-Singen-Hören-Essen-Gehen. Auch innerhalb dieser Schritte nehme ich Fragestellungen und Einsichten von Josuttis auf, sofern sie für die Praxis des Altenheimgottesdienstes hilfreich sind. Insbesondere bemühe ich mich, neben der funktionalen auch die spirituelle Dimension

[385] Josuttis: Rituale im Alter, in: Kraft durch Glauben, S. 126f. (Kursivschreibung von mir).
[386] Christoph Demantius, Freu dich sehr, o meine Seele, Strophe 7 (EG 524).
[387] Die Seitenzahlen der Zitate aus „Der Weg in das Leben“ führe ich auch in diesem Teil im fortlaufenden Text in Klammern an.

des Gottesdienstes aufzuzeigen. Im Praxisteil beziehe ich mich grundlegend auf eigene Erfahrungen mit dem Altenheimgottesdienst. Diese sind zwar – wie es der Verlauf dieser Arbeit zeigt – theologisch reflektiert worden, verlieren dadurch aber doch nicht ihren subjektiven Charakter. Deshalb ziehe ich ergänzend an vielen Stellen auch Erkenntnisse aus der Literatur über den Altenheimgottesdienst hinzu.

5.1 Gehen

Das Kapitel über das „Gehen“ ist bei Josuttis mit 57 Seiten das umfangreichste des ganzen Buches. Zählt man noch die 20 Seiten des letzten Kapitels hinzu, das ebenfalls wieder vom „Gehen“ handelt, dann widmet Josuttis diesem Verhalten etwa ein Viertel seiner gesamten Darstellung. Schon an dieser Beobachtung wird deutlich, dass es Josuttis nicht nur um einen „Weg“ im übertragenen Sinn geht, sondern um einen ganz realen Weg: Ein Weg in Zeit und Raum, der von bestimmten Menschen aus bestimmten Gründen gegangen wird. Mit einem Zitat von Werner Jetter nennt Josuttis den Sinn des Gehens im Blick auf den Gottesdienst „die Begehung, in der man die Gottheit nicht beeinflussen, sondern sich selbst ihren Einflüssen aussetzen will und sich in ihren Machtbereich begibt. Irgendwie steht man zwar immer darin. Das Leben hat überall und zu jeder Zeit offene Schranken, an denen das Übermächtige schicksalhaft drohend bereitsteht. In der Begehung begibt man sich ausdrücklich dort hin, um diese Übermacht zu erkennen, anzuerkennen, mit ihr umzugehen und das ungeschützte Leben gerade dort, wo es ständig bedroht ist, begehbar zu machen.“[388](44)

Es ist für den Altenheimgottesdienst sehr hilfreich, das Gehen zum Gottesdienst mit zu bedenken. Denn weil das Gehen für viele alte Menschen nicht mehr selbstverständlich ist, entscheidet sich für sie bereits hier, ob sie überhaupt am Gottesdienst teilnehmen können. Die meisten Glieder meiner Gottesdienstgemeinde im Altenheim sind vor ihrem Umzug ins Heim schon lange nicht mehr in die Kirche gegangen: Für viele war der Weg dorthin physisch nicht mehr möglich. Nicht wenige hatten aber auch aus anderen Gründen den Zugang zum Gottesdienst verloren. So erlebe ich, wie

[388] Werner Jetter, Symbol und Ritual, Göttingen 1978, S. 118.

der ungewollte Weg ins Altenheim die Chance für alte Menschen bietet, wieder einen Zugang zum Gottesdienst zu finden. Allerdings bedarf es dafür auch einiger „Wegbereitung“ bzw. mehrerer „Gehhilfen“:

- Der Gottesdienstraum muss gut erreichbar sein. Wenn der Gottesdienst in einem entlegenen Abstellraum stattfindet, werden schon durch diese Lage des Raumes viele Heimbewohner ausgeschlossen.

- Die Gottesdienstzeit sollte zwischen 10.00 und 11.00 Uhr, der Zeit der höchsten Spannkraft, liegen.[389] Auch wenn der Gottesdienst nur 30 bis 40 Minuten dauern darf,[390] ist zu bedenken, dass der Raum eine halbe Stunde vorher und nachher frei sein muss – soviel Zeit braucht das Ankommen und Begrüßen, bzw. das Aufbrechen und Verabschieden. Ungünstige Gottesdienstzeiten oder auch attraktive Konkurrenzveranstaltungen zur selben Zeit können potentielle Gottesdienstbesucher vom Weg abhalten.

- Der Gottesdienst sollte regelmäßig, zur selben Zeit, am selben Tag, im selben Raum stattfinden – mindestens einmal im Monat.

- Zur Wegbereitung gehört auch das Bemühen um ein gutes Verhältnis zu Heimleitung und Pflegepersonal. Hier müssen manchmal mit viel Geduld Steine aus dem Weg geräumt werden. Es lohnt sich!

- Entscheidend für das Gehen wie auch für andere Verhaltensschritte ist ein gottesdiensttheologisch zentraler Aspekt, den Josuttis erstaunlicherweise nicht erwähnt: die Gemeinschaft der Gottesdienstfeiernden! Josuttis erörtert menschliches Verhalten nur in Relation zum Heiligen, nicht aber im Verhältnis zu den anderen, mitfeiernden Menschen. Josuttis geht von starken Menschen aus, die allein gehen, sitzen, sehen, singen, hören und essen können. Sie brauchen scheinbar gar keine Gemeinde!? Der Gottesdienst im Altenheim korrigiert sehr schnell diesen blinden Fleck in Josuttis' Ansatz. Wer hier zum Gottesdienst gehen will, braucht andere Menschen, die ihm helfen: Viele brauchen Hilfe beim Gehen, manche auch beim Sitzen und Sehen, manche beim Hören und manche auch beim Essen. Oft helfen sich die alten Menschen

---

[389] Vgl. Fröchtling, S. 236.

[390] Vgl. Depping, S. 84; Pechmann, S. 32.

dabei untereinander, indem z. B. Stärkere die Schwächeren auf dem Weg zum Gottesdienst stützen oder führen. Aber es wird auch Hilfe vom Pflegepersonal benötigt: Das beginnt schon mit Hinweisen auf den Gottesdienst und der Erinnerung daran am Morgen. Alte Menschen sind es gewohnt, sich für den Gottesdienst schön zu kleiden. Auch dafür wird oft Hilfe durch die Pflegenden gebraucht. Und schließlich ist es wichtig, dass Pflegekräfte während des Gottesdienstes dabei sind, um in gar nicht so seltenen Notfällen helfend eingreifen zu können. Was die Gemeinschaft im Heim betrifft, ist die im historischen Teil beschriebene geistliche Gemeinschaft im Hospital ein Vorbild für mich. Ich erlebe es als einen großen Segen für den gesamten Heimalltag, wenn Bewohner und Pflegepersonal miteinander Gottesdienst feiern können. Ideal ist es, wenn zusätzlich zum Gottesdienst auch noch Andachten – vom Pflegepersonal oder von Ehrenamtlichen gehalten – stattfinden (auch da ist der Blick ins Hospital anregend!).

- Zur Wegbereitung gehört für mich auch, dass ich selbst Bewohner zum Gottesdienst einlade, wenn ich z. B. bei Geburtstagsbesuchen oder anderen Anlässen auf den Wohnbereichen bin. Überhaupt ist mir die Wechselbeziehung von Gottesdienst und Seelsorge im Heim sehr wichtig. Ich kann mir nur sehr schwer vorstellen, Gottesdienst in einem Heim zu halten, ohne dort seelsorgerlichen Kontakt zu den Bewohnern zu haben. (Der gute Kontakt zu einem ehrenamtlichen Besuchsdienst ist immer hilfreich, insbesondere aber dort, wo die Zeit zu eigener seelsorgerlicher Begleitung der Bewohner knapp ist.)

- Die Einladung zum Gottesdienst und die Möglichkeit zum Gottesdienst zu gehen, bzw. gebracht zu werden, dürfen nicht als Nötigung zur Gottesdienstteilnahme bei den Bewohnern ankommen. Die Achtung vor der Würde gerade der Schwächsten bedeutet immer auch Respekt vor der persönlichen Entscheidung. Keinesfalls darf die Schwäche der Menschen für noch so gut gemeinte missionarische Bemühungen ausgenutzt werden. Bei der Einladung und Begleitung zum Gottesdienst ist auch bei hochgradig Demenzerkrankten sensibel auf Willensäußerungen zu achten.

- Unter der vorgenannten Voraussetzung gilt die Einladung zum Gottesdienst m. E. allen Bewohnern (und Pflegekräften). Unter den ca. 70 Gottesdienstfeiernden in einem der Heime, die ich betreue, befinden sich gut ein Drittel Konfessionslose (die aber als Kinder noch getauft und oft auch religiös sozialisiert wurden), sowie einige Katholiken, Methodisten oder Angehörige anderer christlicher Gruppierungen (von denen es im Erzgebirge nicht wenige gibt). Auch Menschen im letzten Demenzstadium und geistig Behinderte lade ich zum Gottesdienst ein, weil ich davon überzeugt bin, dass im Gottesdienst mehr geschieht, als auf der kognitiven Ebene wahrnehmbar ist.

- Es ist für alle Arten von „Gehhilfen" zu sorgen – bis hin zum mobilen Liegerollstuhl. Wenn ein Bewohner trotz aller Gehhilfen nicht mehr zum Gottesdienst kommen kann, sollte ihm die Möglichkeit gegeben werden, über Heimfunk am Gottesdienst akustisch und ggf. auch optisch teilnehmen zu können.[391] Auf jeden Fall muss die Möglichkeit bestehen, dass ihm die Gaben des Heiligen Abendmahls im Anschluss an den Gottesdienst gebracht werden.

- Zur Wegbereitung gehört für mich schließlich auch die namentliche Begrüßung der Ankommenden an der Tür zum Gottesdienstraum. Andrea Fröchtling sieht darin ein ganz wichtiges Moment der Anerkennung alter Menschen in ihrem Personsein.[392] Außerdem erleichtere es den Ankommenden die Orientierung: Wenn ich sie erkennbar als Pfarrer begrüße, dann hilft es manchen Altersverwirrten zu realisieren, dass sie nun zum Gottesdienst gekommen sind.[393] Das ist besonders dann wichtig, wenn der Raum, in dem der Gottesdienst gefeiert wird, auch für andere Veranstaltungen genutzt wird.

Josuttis fragt unter dem Stichwort „Gehen" nach den Gründen, warum Menschen in den Gottesdienst gehen. Er nennt drei Gründe, die mir auch für den Altenheimgottesdienst plausibel erscheinen: Menschen suchen in der Transzendenzerfahrung nach der Quelle des Lebens (77). Sie gehen in den Gottesdienst, weil „dort, gegen alle Mächte des Sterbens und Verderbens, Lebenserneuerung" stattfindet (78). Und schließlich ist der Gottesdienst „Zufluchtsort für alle, die von Feinden verfolgt werden"(78). Dieser letzte Grund nimmt ein Motiv auf, dass sich durch meine ganze

---

[391] So hat die moderne Technik ein Anliegen der alten Hospitalbauten wieder aufgegriffen.
[392] Vgl. Fröchtling, S. 118.
[393] Vgl. a.a.O., S. 447f.

Arbeit hindurch zieht: Die Situation alter Menschen habe ich als soziale Einsamkeit beschrieben. Man könnte auch von sozialer Ausgrenzung sprechen. Auf der psychischen Ebene werden diverse Ängste und Depressionen erfahren. Diese werden z. B. in Psalm 71 als Bedrohung durch „Feinde" gedeutet. In einer solchen Anfechtungssituation nimmt schon der Psalmbeter Zuflucht in Gottes Heiligtum (Ps. 71, 3; 90, 1). Josuttis erinnert an die Asylfunktion des Heiligtums im Alten Testament (78). Auch das Hospital war so eine Zufluchtsstätte an der Schwelle zwischen Leben und Tod. Der Altenheimseelsorger Burkhard Pechmann sieht alte Menschen in dem „Zwischenzustand" zwischen Leben und Tod als Angefochtene und deshalb auf besonderen „göttlichen Beistand" angewiesen an.[394] Dass der Gottesdienst als Zuflucht für alte Menschen auch eine politische Dimension hat, macht die zunehmende Infragestellung des Lebens kranker, alter Menschen durch aktive Sterbehilfe und Euthanasie deutlich. Die christliche Kirche sehe ich hier herausgefordert, für das Lebensrecht alter Menschen einzutreten. Auch der alte Mensch ist Ebenbild Gottes, und in seiner Fragmentarität und Bedürftigkeit sollten wir mit Mt. 25, 31ff. wieder den Christus-Repräsentanten in ihm erkennen, der unseres besonderen Dienstes würdig ist. Die Sorge um den Altenheimgottesdienst ist eine Gestalt dieses Dienstes. Die wachsende Bedeutung des Altenheimgottesdienstes könnte man – neben den demographischen Gründen – mit Josuttis deshalb auch so erklären: „Und wenn sich in den Gottesdiensten heute vor allem Menschen einfinden, die zu den gesellschaftlichen Randgruppen gehören, die wie Alte, Hausfrauen, Jugendliche, außerhalb des Produktionsprozesses stehen, dann stellt das zwar im Vergleich mit früheren Teilnehmerfeldern eine Veränderung dar, aber eine Veränderung, die dem Zuflucht gewährenden Charakter des umfriedeten Raumes entspricht."(79)[395]

[394] Pechmann, Wintermonate, S. 10.

[395] Unter Bezug auf Josuttis arbeitet Andrea Fröchtling den Asylgedanken als zentrales Anliegen des Altenheimgottesdienstes heraus. Unter der Überschrift „Exil und Diaspora" schreibt sie: „Insbesondere ältere Menschen suchen im Kirchenraum und Gottesdienst oft einen Ort, an dem sie, z. T. mit eigenen Fluchterfahrungen kommend, gerade kein wanderndes Gottesvolk mehr sein müssen; einen Ort, an dem sie ankommen und durchatmen können und nicht wieder auf dem Absprung stehen; einen Ort, an dem das, was früher wa(h)r, auch heute noch gilt; einen Ort, an dem vertraute Musik, vertraute Gesten, vertraute Texte und Rituale das Wiedereintauchen in die abgebrochene Kindheit und Jugendzeit ermöglichen. ... In der Gegenwart Gottes sicher und geborgen zu wohnen, Zuflucht zu finden in der ‚festen Burg, die unser Gott ist', diese Sehnsucht wird oft in Kirchenraum und Gottesdienst lokalisiert." (S. 207f., vgl. auch 210f.).

5. 2 Sitzen

Josuttis stellt fest, dass das Sitzen zum „konstitutive[n] Verhalten" des Gottesdienstes geworden ist.(109) Die Einführung der Kirchenbänke ab 1500 habe gottesdienstliches Verhalten fixiert und normiert und sei auch von sozialen und machtpolitischen Erwägungen begleitet gewesen. Allerdings erkennt Josuttis in der Einführung des Kirchengestühls auch einen „konsequente[n] Schritt in der Entwicklung kirchlicher Verhaltensregeln", „weil für den Glauben nicht die körperliche Verzückung, sondern die seelische Entrückung im Vordergrund steht"(122). Ja, die durch das Sitzen erzwungene Einschränkung der Verhaltensmöglichkeiten „ist körperlicher Ausdruck jener reformatorischen Entdeckung, die eine Ohnmachtserfahrung darstellt, daß nämlich der Mensch zu seinem Heil nichts tun kann und auch nichts tun muß"(127).

Die Passivität beim Heilsempfang schließt allerdings eine aktive Bereitschaft und Öffnung für dieses Empfangen nicht aus. Dementsprechend ist für Josuttis das Sitzen „Präparation auf das Kultgeschehen. Die Körper werden in ihrer Beweglichkeit ruhig gestellt, damit Seele und Geist sich auf den Einzug der göttlichen Atmosphäre konzentrieren."(133)

Für die Altenheimbewohner ist das Sitzen – wie im ersten Teil der Arbeit beschrieben – sowieso das konstitutive Verhalten ihres Daseins. Fixierung und Normierung ihres Verhaltens sind nicht Folge äußerer Machtverhältnisse, sondern körperlicher Gegebenheiten. Zunehmende Schwäche macht selbst das Sitzen irgendwann unmöglich. Eine Fixierung durch einen möglichst festen und sicheren Sitz muss deshalb nicht ausschließlich als Einschränkung erfahren werden, sondern kann auch als Lebenshilfe verstanden werden. Aus diesem Grund gab es lange vor 1500 Sitzmöglichkeiten in Kirchen für Alte und Gebrechliche Menschen, und das Hospital hat gezeigt, dass es sogar möglich war, im Bett liegend den Gottesdienst mit zu feiern.

Die o. g. Ohnmachtserfahrung ist für den alten Menschen nicht durch das Sitzen erzwungen, sondern Teil seiner gesamten Lebenssituation. Was von jüngeren Menschen durch das Sitzen im Gottesdienst zeitlich und räumlich begrenzt erfahren wird, ist für den alten Menschen eine Grunderfahrung seines Alltags. Deshalb kann Thomas Feld vom Leben im Alter als „Radikalisierung der menschlichen Grundsituation“ sprechen.[396]

Die Bestuhlung im Gottesdienstraum sollte also den Gottesdienstfeiernden den nötigen Halt geben. Stühle mit Armlehnen helfen beim Aufstehen und verhindern ein seitliches Herunterfallen bei Menschen, die während des Gottesdienstes einschlafen. Die Stühle sollten so bequem sein, dass man eine Stunde auf ihnen sitzen kann. Denn wenn auch der Gottesdienst nur gut 30 bis 40 Minuten dauert, so sitzen doch viele Gottesdienstteilnehmer schon eine halbe Stunde eher im Gottesdienstraum, was seinen Grund in der langen Phase des Ankommens hat: Zum einen dauert es einfach lange, bis die Pflegekräfte 50 Personen zum Gottesdienst gebracht haben, und zum anderen genießen viele Heimbewohner die Zeit vor dem Gottesdienstbeginn – manche zur inneren Vorbereitung auf den Gottesdienst, manche zum Gespräch mit dem Sitznachbarn. Im Übrigen ist zu beachten, dass es auch im Altenheimgottesdienst individuelle Vorlieben für bestimmte Sitzplätze und auch „Stammplätze“ gibt.

Weiterhin muss bedacht werden, dass die Sitzreihen nicht zu eng stehen, so dass ein müheloses Durchkommen auch während des Gottesdienstes möglich ist. Denn zum einen müssen einzelne Gottesdienstteilnehmer aus verschiedenen Gründen den Gottesdienst verlassen und zum anderen muss ich selbst bei der Austeilung des Heiligen Abendmahls durch die Reihen gehen.

5.3 Sehen

In diesem Kapitel behandelt Josuttis das, was im Gottesdienst zu sehen ist. Es geht um die „räumliche Gestaltung“, aber auch um die „personale Präsentation“(137). Entsprechend möchte ich praktische Hinweise zur Ausgestaltung des Gottesdienstraums geben und dabei auch die Körpersprache des Liturgen bedenken.

Schon im Kapitel „Gehen“ hat Josuttis von der Bedeutung des Raumes für den Gottesdienst gesprochen. Mit Schmitz betont er die Notwendigkeit eines „umfriedeten Raumes“, um die „göttliche Atmosphäre“ intensiv und heilsam erfahren zu kön-

[396] Thomas Feld, „Ich will euch tragen bis ihr alt und grau seid“, S. 16.

nen.(71) Wesentlich ist für ihn dabei die Dreiteilung des Raumes in „Eingangsbereich", „Aufenthaltsraum" und „Sanctissimum"(69f.).

Am Beispiel des Synagogenbaus weist er nach, wie selbst ein ursprünglicher „Mehrzweckbau" durch die sakrale Funktion im Laufe der Zeit diese Dreiteilung erfährt.(70) Entsprechendes beobachte ich im Gottesdienstraum des Altenheims: Oft muss er auch in einem Mehrzweckraum stattfinden, der nur für die Zeit des Gottesdienstes ein „sakraler" Raum werden soll. *Dass* er ein sakraler Raum werden soll, lässt sich zunächst schon rein funktional begründen. Josuttis stellt fest: „Jede Raumstruktur bildet ein grundlegendes Orientierungssystem."(139) Auf die Bedeutung von Orientierungshilfen für alte Menschen habe ich schon an mehreren Stellen hingewiesen. Das gilt auch für den Raum: Der Eingangsbereich ist der Ort der persönlichen Begrüßung. Dort stehen die Ankommenden für einen Moment, um sich einen Überblick zu verschaffen und sich dann einen Platz auszusuchen. Der Aufenthaltsraum bzw. das „Kirchenschiff" bietet die Sitzgelegenheiten und im Sanctissimum bzw. „Chorraum" steht der Altar. Er steht frei, damit er von überall aus gut gesehen werden kann.

Klaus Depping folgert aus der orientierenden Funktion des Raumes für den Altenheimgottesdienst: „Ein Aufenthaltsraum im Heim ... ist keine Kirche. Dennoch sollte man versuchen, sich der Kirchenatmosphäre ein wenig anzunähern. Für den altersverwirrten Menschen ist es wichtig, dass er auch visuell wahrnimmt, dass hier Gottesdienst gefeiert wird. Es sollte ein Altar aufgebaut werden mit einem Kreuz, mit einer Bibel und einem Antependium in der passenden liturgischen Farbe, möglichst mit einer aussagekräftigen Darstellung, die allerdings nicht zu abstrakt sein sollte. Von besonderem Wert sind die Kerzen, die man recht zahlreich verwenden sollte. Sie sind nicht nur ein visueller Hinweis, sie sprechen auch über den Geruchssinn an, welcher der stärkste Auslöser von Erinnerungen ist. All das weckt Aufmerksamkeit, fördert die räumliche und situative Orientierung und entfacht Gefühle."[397] Wenn ein eigener Andachtsraum im Heim vorhanden ist, dann sollte er nach den Bedürfnissen alter Menschen gestaltet werden und das bedeutet zu fragen: „Was ist unter dem bio-

[397] Depping, S. 101.

grafischen Aspekt angemessen? Was war auch damals in den Kirchen anzutreffen."[398]

Bei der Einrichtung des Raumes sollte der Altar an der Schmalseite des Raumes stehen, so dass eine Längsausrichtung der Gemeinde erreicht wird: So kann ich zur ganzen Gemeinde Blickkontakt halten, ohne mich ständig nach links oder rechts wenden zu müssen.[399] Meine Mimik und Gestik kann so von allen wahrgenommen werden, was für den Altenheimgottesdienst besonders wichtig ist: Die Kommunikationsanalyse hat nachgewiesen, dass „55 % der in einem Gespräch vermittelten Informationen durch die jeweilige Körpersprache"[400] geschieht.

Der Altar mit dem deutlich sichtbaren Standkruzifix, die Bibel und den enthüllten vasa sacra bildet das feste Zentrum des Gottesdienstraums. Ich als Liturg stehe vor oder neben dem Altar und mache damit meine Bezogenheit auf dieses Zentrum visuell deutlich. Als „personale Präsentation" des Heiligen bin ich gleichsam das mobile Zentrum des Gottesdienstes – allerdings immer im Bezug zum Altar einerseits und zur Gemeinde andererseits. Die priesterliche Dimension meines Dienstes zwischen Altar und Gemeinde wird mir an diesem Standpunkt besonders bewusst: als Diener Christi ein Diener der Alten (vgl.1. Kor. 4, 1) und als Diener der Alten ein Diener Christi (vgl. Mt. 25, 40).

Ich verwende auch bei der Predigt kein Lesepult, damit man mich ganz sehen kann. Liturgische Gebärden erlebe ich als „Sehhilfen" für die Gottesdienst feiernde Gemeinde. Mit Karl-Bernhard Ritter erkenne ich im liturgischen Verhalten aber mehr als nur ein funktionales Element: „Weil Liturgie zweckfreies Spiel ist, entbindet sie zur Gestaltwerdung, die über sich hinausweist. Darum geschieht in der Liturgie nichts, was bloß technisch getan sein will, es wird alles, was in ihr geschieht, zum Hinweis, und es sollte darum auch so geschehen, daß dieser Hinweischarakter erkennbar ist: das Anzünden der Kerzen, das Aufschlagen des Buchs, das Herzutragen von Brot und Wein, die Haltung der Hände. Und das alles nicht pathetisch, sondern mit der Andacht und Freude derer, die sich mit Leib und Seele freuen in dem lebendigen

---

[398] A.a.O., S. 102. Depping rät deshalb sehr von moderner oder gar abstrakter Kunst im Andachtsraum ab.
[399] Vgl. Pechmann, S. 38. Aus demselben Grund ist erst recht ein Stuhlkreis abzulehnen.
[400] Fröchtling, S. 235, vgl. auch a.a.O., S. 118 und 234.

Gott.“[401] So kann liturgisches Verhalten über kognitive Prozesse hinaus spirituell wirken: „Wie oft sprechen Gebärden sehr viel stärker als Worte! ... Diese Erfahrung kann nicht durch ein bloßes Wissen um die Bedeutung der Gebärden ersetzt werden. Die liturgische Haltung wird vom wirkenden Logos selbst geschaffen, sie wird als Antwort auf das Ereignis der Begegnung zum Ausdruck dieser Begegnung.“[402]

Ebenfalls zur besseren Wiedererkennbarkeit und Orientierung trage ich den schwarzen Talar, den alte Menschen mit einem evangelischen Gottesdienst verbinden. Für die Albe spräche allerdings die Symbolik der weißen Farbe für Licht und Reinheit.

Auch der Gottesdienstraum darf nicht allein unter funktionalen Gesichtspunkten betrachtet werden. Unter ausdrücklichem Bezug auf Josuttis' phänomenologisches Raumverständnis widmet Fröchtling dem „heiligen Raum“ ein ganzes Kapitel![403] Sie warnt: „Funktional ausgestattete Alten- und Pflegeheime verführen zu funktionalem Handeln am Menschen.“[404] Und so beschreibt sie unter Verwendung eines Zitats von Thomas Klie schließlich den „*Gottesdienst als Macht-Raum, als Kult-Raum zum gemeinschaftlichen Vollzug des Kults und Übergangsraum, Nahtstelle zwischen Himmel und Erde...*: Als solcher ist der Gottesdienst, „phänomenologisch betrachtet, gleichsam ‚eingeräumt', er nimmt Form an als ein ‚umfriedeter' Raum“ ... – bei gleichzeitiger Entgrenzung und Erweiterung des Möglichkeitsraumes.“[405] Entsprechend zitiert Josuttis die Auffassung von Otto Dietz, dass „Christus selbst die Altäre seiner Kirche ... zu Grenzsteinen [macht], an denen die Zeit an die Ewigkeit, das Diesseits an das Jenseits, die Erde an den Himmel grenzt. Da werden uns von Christus selber ‚in, mit und unter Brot und Wein' die Güter seiner Herrlichkeit und die Kräfte seines Lebens herübergereicht in unser heimatfernes und todgeweihtes Sein.“[406] Wenn das Altenheim nicht Endstation, sondern Schwelle auf dem Weg zum ewigen Leben ist, dann wird diese Schwelle im Altar symbolisch sichtbar.

---

[401] Ritter, Die eucharistische Feier, S. 25.
[402] A.a.O., S. 24.
[403] Fröchtling, S. 439-444: Kapitel 8.4 „Gottesorte: Heilige Orte zwischen Kreuz und Reinigungswagen“.
[404] A.a.O., S. 441.
[405] A.a.O., S. 443 (kursiv im Original).
[406] Dietz, Unser Gottesdienst, S. 163f.

5.4 Singen

Josuttis behandelt das Singen vor dem Hören, weil der Gottesdienst nach Agende I mit dem Eingangslied, dem Introitus, beginnt. Außerdem entspricht diese Reihenfolge auch dem Weg der Regression. Im Singen geschieht für Josuttis Präparation auf den Gottesdienst, auf die Begegnung mit dem Heiligen. Singen öffnet Menschen für „den Einzug der göttlichen Atmosphäre“(204).

Josuttis spricht von der tiefen Wirkung des Singens und zitiert Tilmann Moser, der seine Erfahrung vom Singen im Gottesdienst so beschreibt: „es war eine gemeinsame Regression in einem viel selbst- und gottesgewisseren Zustand, als er beim Predigen je zu erreichen ist.“[407](173)

Josuttis geht auch auf die therapeutische Funktion der Musik ein, wie sie schon im Asklepios-Heiligtum zu Epidaurus praktiziert wurde und wie sie heute in der Einzel- und Gruppenmusiktherapie auch im Altenheim angewandt wird. Josuttis zählt eine ganze Reihe von therapeutischen Wirkungen von Musik auf.(176f.) Fröchtling knüpft auch hier an Josuttis an, wenn sie die Aufgabe der Musik im Altenheimgottesdienst beschreibt: „Im Akt des Singens findet Vereinigung statt, Integration innerhalb des singenden Menschen, Kommunikation mit anderen ..., Initiation in das symbolische Universum“[408].

Hierher gehören auch die im zweiten Teil der Arbeit genannten biblischen Aussagen über Klage und Lob, die so elementar für die Gottesbeziehung sind, dass Loben und Leben in einem direkten Zusammenhang gesehen werden konnten. Die im vierten Teil zitierten Äußerungen von Gunda Schneider-Flume machten deutlich, dass Klage und Lob weit über die therapeutische Funktion der Integration hinausweisen. Josuttis betont die eschatologische Dimension des Singens, das in den „kommende[n] Äon“, in „die Himmelswelt der Engel“ hineinführe.(187) Mit Oskar Söhngen sagt er: „Das Singen ist ein vorauslaufendes endzeitliches Zeichen und verbindet die angefochtene Gemeinde auf Erden mit der Gemeinde der Vollendeten.“[409]

---

[407] Moser, Gottesvergiftung, S. 53.
[408] Fröchtling, S. 449.
[409] Söhngen, Theologische Grundlagen der Kirchenmusik, S. 12.

Bemerkenswert finde ich, dass Josuttis diese eschatologische Dimension des Singens nicht nur auf den frohen Jubel der Erlösten bezieht, sondern auch auf das „Seufzen" des Geistes (Röm. 8, 26) im „Stöhnen der auf Erlösung harrenden Schöpfung": „Zwischen den Zeiten ist das gemeindliche Singen Zeichen der Erlösung, aber auch Zeichen der Erlösungsbedürftigkeit."(188) So kann ich im Stöhnen und Seufzen alter, leidender Menschen im Gottesdienst geistgewirkten Klagegesang mit dem Ruf nach Erlösung hören.[410]

Für die Praxis des Gemeindegesangs im Altenheimgottesdienst ist auf die Verwendung von bekannten und vertrauten Liedern zu achten. Auch hochgradig dementielle Menschen, die kaum noch sprechen und meist wie abwesend wirken, werden bei vertrauten Liedern auf einmal „wach" und singen mit großer innerer Beteiligung mit. Weil das Lesen auch vielen anderen Gottesdienstbesuchern schwer fällt, ist es sowieso sinnvoll, Lieder zu singen, die diese Generation im Konfirmandenunterricht noch auswendig gelernt hat. Es ist erstaunlich, wie diese Lieder – auch wenn sie über Jahre nicht gesungen worden sind – im Langzeitgedächtnis immer noch präsent sind! Zusätzlich sollten aber auch die Texte der Lieder vor Beginn des Gottesdienstes verteilt werden. Ich verwende entweder ein einzelnes kopiertes Liedblatt mit maximal zwei Liedern in Großdruck oder eine im Heim selbst angefertigte Liedermappe mit einer Auswahl bekannter Gesangbuchlieder. Das einzelne Liedblatt hat den Vorteil, dass längeres Blättern und Suchen entfällt.

Es ist ideal, wenn es eine Liedbegleitung mit Klavier oder E-Orgel gibt. Eine Alternative sind neuerdings Tonträger mit Orgelbegleitung, die extra für den Altenheimgottesdienst aufgenommen wurden (mit entsprechender Liedauswahl und in „getragenem" Tempo).

Ich schließe mit einer inhaltlichen Feststellung von Thomas Klie über die besondere Eignung von Chorälen, deren letzte Strophen einem Ausblick auf Tod und Auferstehung bieten: „Die ‚Einübung in das sterbliche Leben', eine der zentralen Aufgaben des Alters, geschieht in solchen Liedstrophen in einer Form, die das Zu-Ende-Gehen ästhetisch antizipiert, ohne dabei die notwendige Distanz zu verstellen....

[410] Auch Fröchtling bezieht das Seufzen und Sehnen aus Röm. 8 auf Altenheimbewohner (vgl. S. 224).

In der rituellen Sicherheit des kollektiven Gemeindegesangs erfährt der singende Gottesdienstbesucher gewissermaßen eine symbolische Begegnung mit der Endlichkeit."[411]

5.5 Hören

Indem Josuttis das Hören als einen von sechs bzw. sieben Verhaltensschritten im Gottesdienst beschreibt, vermeidet er die für den Altenheimgottesdienst besonders relevante Gefahr, den Gottesdienst ausschließlich als Sprachgeschehen zu verstehen. Er wendet sich mit A. Lorenzer ausdrücklich gegen einen „Verbalismus", der zu einer „Sprach- und Kopflastigkeit des Gottesdienstes" führe und diesen zu einem „Instrument einer systematischen Pädagogisierung und Indoktrinierung"[412] machen könne.(vgl. 224f.)

Auf der anderen Seite beobachte ich gegenwärtig bei manchen Arbeitshilfen für den Altenheimgottesdienst eine genau entgegen gesetzte Tendenz: Die verbalen Anteile im Gottesdienst werden nicht nur reduziert, sondern geradezu marginalisiert. Gegenstände, Bilder oder diverse Interaktionsformen verdrängen das gesprochene Wort, insbesondere die Schriftlesung und / oder die Predigt. Ich sehe in einer solchen Marginalisierung des Wortes die Folge eines bewussten oder unbewussten Theologiedefizits: Ein biblisch-reformatorisches Gottesdienstverständnis kann nicht von der zentralen Bedeutung des Wortes absehen. Um den Stellenwert des Wortes im Altenheimgottesdienst aber nicht nur zu behaupten, sondern auch plausibel zu machen, muss zunächst ein verengtes, rationalistisches Wortverständnis überwunden werden. Es gilt, sich die biblisch-reformatorische Erkenntnis von der schöpferischen, erlösenden und heiligenden Wirksamkeit des Wortes in Erinnerung zu rufen. In der Terminologie von Josuttis klingt das so: „In phänomenologischer Perspektive wird durch die Kraft der Worte ein umfriedeter Raum geschaffen, eine Wirklichkeit, die heilvolle Wirkungen zeitigt."(229)

---

[411] Klie, Liturgik: Alte im Gottesdienst - Gottesdienst für Alte, S. 463.

[412] Lorenzer, Das Konzil der Buchhalter. Die Zerstörung der Sinnlichkeit, S. 81.

Wenn das Hören bei Josuttis erst an fünfter Stelle behandelt wird, dann liegt darin keine Abwertung des Hörens – im Gegenteil: Während Gehen, Sitzen, Sehen und Singen eigentlich „nur" Präparationen auf den Heilsempfang sind, geschieht nun im Hören und im Essen, und d. h. im Wort und Sakrament, dieser Heilsempfang, ganz im Sinne von CA V! Wie schon im vierten Teil erwähnt, besteht für Josuttis allerdings im Fortschritt vom Hören zum Essen – im Unterschied zur reformatorischen Tradition – eine Steigerung bzw. Intensivierung der Art und Weise des Heilsempfangs. Meine Erfahrungen im Altenheim bestätigen diese Auffassung von Josuttis.

So wie ich bisher von „Gehhilfen", „Sitzhilfen", „Sehhilfen" und „Singhilfen" für den Altenheimgottesdienst gesprochen habe, so geht es hier nun auch um „Hörhilfen":

Dazu gehört eine einfache und deutliche Sprache. Es sollte nicht zu schnell gesprochen werden, kurze Sätze und Pausen sind hilfreich.[413] Von der großen Bedeutung der Körpersprache im Kommunikationsprozess wurde schon gesprochen. Die Kommunikationsanalyse misst dem „spezifischen Stimmklang" gleich danach die zweitgrößte Bedeutung bei der Informationsvermittlung zu: 38 % der Informationen werden durch ihn übermittelt, während das gesprochene Wort selbst nur 7 % dazu beiträgt![414]

Sehr wichtige Hörhilfen sind der Gebrauch von bekannten und erwarteten Worten. Die Verwendung von geprägter, religiöser Sprache ist hilfreich[415], ebenso wie die Wiederholung von zentralen Worten – alles, was das Mitsprechen der Gemeinde fördert, trägt gleichzeitig zum besseren Hören bei. Diese und andere bereits im vierten Teil genannte Gründe, sprechen für die Verwendung der vertrauten Agende I und der Lutherübersetzung der Bibel. Bei ganz bekannten Bibeltexten wie z. B. der Weih-

[413] Vgl. Fröchtling, S. 237.
[414] Vgl. a.a.O., S. 235. Michael Heymel erklärt die Bedeutung der Stimme bei der Predigt so: „Wenn nämlich auch die Predigt dazu dient, Menschen mit der Kraft des Heiligen in Berührung zu bringen, dann kommt es wesentlich darauf an, *wie* darin etwas mitgeteilt wird, und nicht allein darauf, *was* man mitteilt. Entscheidend wird sein, ob das gesprochene Wort in den Zuhörern Resonanz findet, ob es in ihre Herzen eindringt und innerlich nachwirkt oder nur eben mit den Ohren gehört und gleich wieder vergessen wird. Schon der Klang der Stimme kann Menschen zum Aufmerken bewegen und als heilsam erlebt werden. Bis in die Wortwahl und Sprechweise hinein zeigt sich, ob jemand selber von der Begegnung mit dem Heiligen ergriffen ist."(Was alten Menschen heilig ist, S. 286, kursiv im Original).
[415] Vgl. Fröchtling, S. 238.

nachtsgeschichte kann es sogar sinnvoll sein, auf die Übersetzung von 1912 zurückzugreifen.[416]

Ich habe die Erfahrung gemacht, dass das Singen der Liturgie ihre Wiedererkennbarkeit erleichtert und somit die Beteiligung der Gemeinde fördert. Noch wichtiger für die Möglichkeit der Beteiligung ist, dass der Altenheimgottesdienst immer nach derselben Ordnung gefeiert wird. Da der Gottesdienst nicht länger als 30 bis 40 Minuten dauern darf,[417] und auch die besondere Situation zu berücksichtigen ist, übernehme ich Agende I modifiziert und gekürzt. Meine Gottesdienstordnung umfasst bis zur Predigt folgende Stücke:

- Glockengeläut (vom Band)
- Votum, bekannter Psalmvers (ggf. zum Mitsprechen), freie Begrüßung,
- Eingangslied (zwei bis drei Strophen), Gloria Patri,
- Kyrie, Gloria in excelsis,
- Salutatio und Kollektengebet (situativ frei formuliert, aber kurz und im trad. Schema: Anrede, Bitte und Schluss in der gleich bleibenden Form von Agende I[418]),
- Schriftlesung, die zugleich Predigttext ist,
- Credo Apostolicum,
- Predigt,
- Lied nach der Predigt (ein bis zwei Strophen).

Drei Stücke möchte ich nun exemplarisch etwas genauer erklären:

[416] Fröchtling berichtet: „Ich habe über einen Zeitraum von einem halben Jahr in Gottesdiensten mit Menschen mit Demenz immer eine doppelte Lesung angeboten: zuerst die Gute-Nachricht-Übersetzung, im Anschluss dann denselben Text aus der unrevidierten Lutherübersetzung. Mag auch die Gute-Nachricht-Übersetzung viele Sachverhalte allgemeinverständlicher darstellen, zu einem deutlich erkennbaren ‚Aufhorchen' kam es bei fast allen GottesdienstbesucherInnen erst bei der Lesung aus der altvertrauten Lutherbibel."(S. 460).
[417] Vgl. Depping, S. 84, Pechmann, Wintermonate, S. 32.
[418] Agende I, S. 56.

5.5.1 Votum

Im Unterschied zur Agende I beginne ich den Gottesdienst mit dem trinitarischen Votum. Als Tauferinnerung lädt es die Getauften ins Haus des Vaters ein und schließt sie als Kinder dieses Vaters zusammen. Die Tauferinnerung spielt für mich eine große Rolle im Altenheimgottesdienst, da biographisch in der Taufe jener Weg vom Tod zum Leben sakramental begann, der nun im Gottesdienst rituell wiederholt wird, um ihn dann im Sterben getröstet und zuversichtlich gehen zu können. Indem ich zum Votum das Kreuzeszeichen über der Gemeinde schlage, markiere ich optisch und akustisch, in wessen Namen wir versammelt sind.

Ich gebe zu, liturgisch nicht ganz korrekt zu handeln, wenn ich die Salutatio nicht an dieser Stelle verwende, wie es das Gottesdienstbuch vorsieht. Um des vertrauten Duktus willen, belasse ich sie an dem Ort, wo Agende I sie plaziert hatte.

5.5.2 Kyrie und Gloria

Josuttis nennt das Kyrie mit Angelus A. Häußling die „urtümlichste Sprachgestalt des Religiösen, ja überhaupt des existenziell sich selbst und das Andere und Höhere wahrnehmenden Uraktes: an- und beirufende Benennung der größeren Macht ... und bittende Forderung um das Not wendende Eingreifen“[419](233). Eine Erweiterung des Kyrie mit konkreten (Vergebungs-)Bitten lehnt Josuttis ab, denn solche würden es gerade dieser elementaren Kraft berauben. Hier gehe es nicht um die Schuldfrage, sondern um „die Machtfrage: Der Unterwerfung im Kyrie korrespondiert die Anbetung durch das Gloria. Beides gehört unverzichtbar zusammen“(234). In diesem Sinn sehe ich im Kyrie und Gloria den rituellen Schritt von der Klage zum Lob, dessen große Bedeutung für den Altenheimgottesdienst die Exegese Psalm 71 und die systematischen Überlegungen von Gunda Schneide-Flume herausgestellt haben.

Thomas Klie betont die therapeutische Funktion des Kyrie: „Religionspsychologisch ist diese Rubrik eine der wenigen Passagen im Gottesdienstverlauf, die eine Art Ventilfunktion erfüllt. Sie bietet die Möglichkeit einer *gerichteten* Klage“[420]. Und im

---

[419] Häußling, Akklamationen und Formeln, S. 233.
[420] Klie, Liturgik: Gottesdienst für Alte, S. 463 (kursiv im Original).

besonderen Bezug zum Altenheimgottesdienst schreibt er weiter: „In den sich im Alter häufenden Grenzsituationen kann das Kyrie als ein sinnstiftendes Medium wahrgenommen werden. Konstellationen, die durch ihre Ausweglosigkeit und Endgültigkeit gekennzeichnet sind und demzufolge einen starken Assimilationsgestus fordern, sind schon aus sich heraus offen für Klage. Das Kyrie-Responsorium kultiviert diesen Affekt im Modus religiöser Kommunikation." Es wirke in seiner Erhörungsgewissheit „wie ein liturgisches Antidepressivum."[421]

5.5.3 Predigt

Die Predigt gehört zu den größten Herausforderungen im Altenheimgottesdienst. Die Lebenssituation der alten Menschen ist dem Prediger in der Regel fremd. Das regressive Verhalten vieler Bewohner verunsichert den Prediger.

Die Altenheimseelsorgerin Ruth Lödel bietet in ihrem Aufsatz über „Verkündigung in der Altenheimseelsorge"[422] eine scharfe Analyse der Predigtnot im Altenheim und macht Vorschläge zu ihrer Behebung. Sie schreibt über den von der Situation überforderten Prediger im Altenheim: „Es wird ihn verunsichern, und so beginnt er zu schwatzen und zu spekulieren. Predigten im Altenheim geraten häufig zum Geschwätz."[423] Und dann nennt sie „drei Irrwege", auf denen Prediger im Altenheim zum „Schwätzer" werden:

Erster Irrweg: „Die Predigerin ... hält schon einmal ihre Sonntagspredigt" mit einem starken ethischen oder politischen Weltbezug. Sie merkt nicht, dass sie an den Menschen vorbeiredet. Die Hörer sind „mit dem, was in der Welt passiert, längst fertig. Sie haben damit abgeschlossen. Die Welt kümmert sie nicht mehr." Lödel rät zum umgekehrten Weg: „Von der Altenheimpredigt zur Sonntagspredigt." Man könne von der Altenheimgemeinde lernen „von der Ewigkeit her in die Zeit zu denken und zu sehen".[424]

---

[421] A.a.O., S. 464.
[422] Ruth Lödel, „Am Ende bin ich noch immer bei Dir" – Verkündigung in der Altenheimseelorge.
[423] A.a.O., S. 295.
[424] A.a.O.

Zweiter Irrweg: Der Prediger „setzt alles daran, ‚verstanden' zu werden. Und so verabreicht er das Evangelium in kleinen Dosen, mundgerecht, zu Brei verrührt. Er macht es anschaulich, packt es in Gegenstände, bringt immer etwas mit. Er suggeriert, dass die Geschichte von Gott und Welt doch eigentlich ganz einfach sei und deshalb will er sie be-greiflich machen." Lödel warnt vor Banalisierung der Predigt.[425] Sie erinnert an die Tatsache, dass die Alten dem Prediger „im Leben um Jahre voraus sind und manches Geheimnis schon für sich gedeutet haben." Und das bedeutet: „Der Prediger muss das Geheimnis der Geschichte respektieren, er muss sie nicht ‚bis zum Gähnen deutlich' machen, damit die Alten ja was mitkriegen."[426] Lödel betont immer wieder das „Voraus-Sein" der Alten.[427] Das Verstehensproblem liege nicht zuerst bei ihnen, sondern beim Prediger selbst. Er solle vielmehr der Kraft der biblischen Worte vertrauen: „Die Sprache der Predigt ist eine Glaubenssprache, denn nur wer auf die Sprache der großen Geschichte vertraut, wird sich selbst getrost zurücknehmen."[428]

Dritter Irrweg: Der Prediger meint, er müsse sich im Altenheim „nicht groß vorbereiten, hier spräche er so, wie es der Geist ihm eingibt. Hier spräche er von den kleinen Freuden des Lebens, alles, ‚was halt noch geht' und vor allem von der Geborgenheit. Denn ‚Geborgenheit' sei doch bekanntermaßen das größte Bedürfnis der alten Leute."[429] In scharfer Weise kritisiert Lödel diesen Prediger: „Ihm wird der Heilige Geist eine Abfuhr erteilen. Er wird sagen: Nein, mein Lieber, du bist faul gewesen, ... statt dass du dem Widersacher des Lebens mit seinen zahlreichen Versuchungen, die uns an irdischen Glückspillen festhalten lassen wie an einem gefundenen Fressen, ins Angesicht widerstehst, statt dass du ihm das wahre Leben entgegenpredigst, bietest du Appetithäppchen an, die hübsch aussehen, aber schlecht bekömmlich sind."[430]

[425] Vgl. a.a.O., S. 296. Ganz ähnlich warnt auch Fröchtling vor Infantilisierung im Umgang mit alten Menschen (vgl. S. 117).
[426] Lödel, S. 299.
[427] Vgl. a.a.O., S. 299f. Dieses „Voraus-Sein" der Alten wahrzunehmen, musste ich als Prediger im Altenheim erst lernen. Das war ein entscheidender Lernprozess für mich. In dieser Arbeit habe ich das „Voraus-Sein" der Alten auf dem Weg des Lebens unter verschiedenen Gesichtspunkten beschrieben.
[428] A.a.O., S. 299.
[429] A.a.O., S. 296.
[430] A.a.O.

Mit Ruth Lödel bin ich der Überzeugung, bei aller gebotenen Bemühung um Verständlichkeit, dem Wort Gottes und den Hörern mehr zuzutrauen, als es mir angesichts der mich selber verunsichernden Situation möglich erscheint. Dann kann es dort zu einem echten „Pfingsterlebnis“ kommen, wie es Lödel in ihrem Aufsatz autobiographisch schildert.[431]

Die Erfahrung, dass auch inhaltlich anspruchsvolle Predigten im Altenheim bei den Hörern „ankommen“, ermutigt mich immer wieder, auch heikle aber doch so bedrängende Themen wie Krankheit, Leid, Tod, Sterben, Gericht und Ewigkeit anzusprechen. Ich bewege mich dabei in der bei der psychischen Situation angesprochenen Spannung der Bewohner zwischen Todesangst und dem Wunsch, das Unvermeidliche zur Sprache kommen zu lassen. Helmut Schwier fordert entsprechend für die Predigt für alte Menschen: „Die Selbsteinschätzung älterer Predigthörer, dass der christliche Glaube vor allem Hoffnung und Zuversicht zum Ausdruck bringe, erfordert auch in der Predigt eine Sprache und Rechenschaft der Hoffnung, die Zeit und Ewigkeit, Auferstehung und Gericht, Liebe und Vollendung neu zu sagen wagen – vielleicht nicht mehr so vollmundig wie in vergangenen Jahrhunderten, aber auch nicht so selbstsäkularisierend und kleinmütig wie in den letzten drei Jahrzehnten.“[432]

Und Burkard Pechmann schlägt den Bogen zu Josuttis, der die Predigt als eschatologische „Horizonterweiterung“ durch „Erleuchtung“(244) beschreibt: „Zu den vornehmsten Aufgaben in einem Altenheim gehört es, einen Horizont zu eröffnen: auf das, was danach kommt; nicht nur auf irdisches Gottvertrauen, auch auf eine Gewissheit, die durch die Todesängste hindurchführt und durch Gottessehnsucht in Lichtfülle ... und Gotteslust mündet.“[433]

5.6 Essen

Mit dem Essen ist der letzte Schritt der Regression in die frühkindliche Entwicklung getan. Manfred Haustein schreibt unter der Überschrift „Regressive recreatio“: „... ein bestimmtes Maß an Regression [ist] für eine gesunde Befindlichkeit auf Dauer

[431] Vgl. a.a.O., S. 290.
[432] Helmut Schwier, Homiletik: Predigen (nicht nur) für alte Menschen, S. 446.
[433] Pechmann, Wintermonate, S. 44f.

unverzichtbar. Dem Eintauchen in die göttliche, kirchlich-mütterliche Geborgenheit, Erfahrung von Tröstung, wärmender Güte, Zuwendung und Angenommensein eignet phänomenologisch zweifellos eine signifikante Nähe zum positiven frühkindlichen Grunderleben"[434].

Biblisch-theologisch ist das Essen Ziel der „Progression" auf dem Glaubensweg: Die Erstkommunion bildet den Abschluss des altkirchlichen, dreistufigen Initiationsweges nach Taufe und Firmung. Diesem Schema entsprechen bei Josuttis die drei Stufen des Gottesdienstes: purificatio (Gebetsgottesdienst), illuminatio (Wortgottesdienst) und unio (Sakramentsgottesdienst)(vgl. 162). Und auch am Ziel und Ende der Heilsgeschichte hört das wandernde Gottesvolk die Einladung: „Selig sind, die zum Hochzeitsmahl des Lammes berufen sind."(Offb. 19, 9)

Für Josuttis ist mit der Feier des Heiligen Abendmahls der Ziel- und Höhepunkt des Gottesdienstes erreicht: „Der Weg in das Leben, der im Gottesdienst abläuft, findet sein Ziel im Essen und Trinken. ... Die Präsenz der göttlichen Atmosphäre, im Wortgeschehen zwischen Lesen, Reden und Hören ätherisch verbreitet, materialisiert sich in Brot und Wein. Leib und Blut des Erlösers kann man zu Heilsgewinn und Lebenserhaltung inkorporieren."(247) Wenn Josuttis die beiden Präparationsschritte vor dem eigentlichen Gottesdienstbeginn dazu nimmt, kommt er sogar zu einem fünfstufigen Schema: „Im Verlauf des Gottesdienstes sind die Anwesenden durch die Kirchenbank konzentriert, durch das Singen eingestimmt, durchs Beten gereinigt und durchs Hören erleuchtet worden – nun können sie sich dem zentralen Geheimnis nähern, nun kann die Vereinigung mit der göttlichen Atmosphäre geschehen."(271)

Auf dem Weg von der Theorie zur Praxis der Abendmahlsfeier im Altenheim gibt Klaus Depping folgende Hinweise: „Es wurde bereits mehrfach erwähnt, wie wichtig es ist, dass im Umgang mit altersverwirrten Menschen möglichst viele Sinne angeregt werden. Dieses ist beim Abendmahl der Fall. Hier gibt es ... etwas zu hören, zu sehen, zu riechen, zu schmecken und zu betasten. Die Gegenwart Gottes wird über eine Vielzahl von Sinneskanälen erfahren. Wichtig ist, dass der altersverwirrte Mensch das Abendmahl in der Weise feiert, wie er es von früher her gewohnt ist. Das

[434] Haustein, Gottesdienst und Seelsorge, S. 655. Vgl. auch Josuttis, Weg, S. 249ff.

heißt, auf modernisierte Formulierungen der liturgischen Texte sollte man verzichten. Auch von einer verkürzten Abendmahlsfeier ist abzuraten, weil diese als ein nicht ganz richtiges, vielleicht sogar ein nicht gültiges Abendmahl empfunden werden könnte."

Diesen Vorgaben entsprechend feiere ich den Gottesdienst im Altenheim nach folgender Ordnung, die sich an der sächsischen Tradition orientiert, wonach die Allgemeine Beichte nach der Predigt ihren Ort hat:

- Allgemeine Beichte und Absolution
- Fürbittengebet
- Einladung zum Hl. Abendmahl mit kurzem Hinweis auf die Weise der Austeilung
- Präfation
- Sanctus
- Vaterunser
- Verba Testamenti
- Agnus Dei
- Kommunion
- Dankgebet

Bemerkenswert finde ich Josuttis' Verwendung des Terminus „Konsekration" als Überschrift über den Teil der Abendmahlsliturgie bis einschließlich des Sanctus: „Konsekration im religionssoziologischen Verständnis ... meint mehr als die Wandlung der Abendmahlselemente, wie es der gängigen theologischen Verwendung dieses Begriffs entspricht. Es geht um die Transformation aus der Profanität in die Sakralität, und der dabei stattfindende Prozeß umfaßt vorrangig die Teilnehmer und erst dann die Materialien der heiligen Handlung."(271)

Dass bei der Feier des Heiligen Abendmahls vorrangig etwas an und mit der Gemeinde geschieht, ist ein genuin evangelisches Anliegen. In der kontroverstheologischen Diskussion über die Epiklese vertritt die evangelische Seite den Standpunkt, dass die Herabrufung des Heiligen Geistes primär auf die Gemeinde zu geschehen habe.[435] Entsprechend sieht Josuttis den ersten Teil der Abendmahlsliturgie als Transformation – ins Theologische übersetzt als „Wandlung" – der Gemeinde an: Das Sursum corda sei Einladung zu einer Bewegung: „Das Herz, das personale Lebenszentrum des Menschen, soll sich nach oben bewegen, in jene Richtung der göttlichen Atmosphäre, die in der Antwort der Gemeinde als herrscherliche Person konkretisiert wird."(273)

In Präfation und Sanctus geschehe dann so etwas wie eine „Himmelsreise"(276) in eine „Traumzeit"(274), an einen „Traumort"(277). Mit diesen Worten bezeichnet Josuttis das, was die klassische Theologie als die Vereinigung der irdischen mit der himmlischen Kirche beschreibt, wie sie am Schluss der Präfation anklingt. Allerdings grenzt er sich von Aussagen Peter Brunners über den „kosmologischen Ort des Gottesdienstes"[436] ab, die er für „einerseits zu objektivierend, andererseits zu distanzierend"(276) hält. Die Kategorie der „Traumzeit-Erfahrung" treffe die spezifische Wirklichkeit dessen, was beim Abendmahl geschieht, besser.(277) Wenn Josuttis sagt, dass sich „die Präsenz jener himmlischen Macht" beim Sanctus „in der Gemeinde niedergelassen hat"(274), dann scheint mir das bereits der Höhepunkt der Abendmahlsfeier für ihn zu sein, so wie überhaupt Jes. 6, 3 die biblische Kernstelle für Josuttis' Ansatz ist. Die Kommunion erscheint dann nur noch wie ein Appendix. Hierin sehe ich eine Schwachstelle bei Josuttis.

Abschließend möchte ich auch aus der Abendmahlsliturgie zwei Stücke für den praktischen Vollzug exemplarisch vorstellen:

5.6.1 Fürbittengebet

Für Josuttis hat das Fürbittengebet eine nötige, verzögernde Wirkung auf dem Weg zum Abendmahl: „Zwischen der Erleuchtung durch das Hören der Predigt und der Vereinigung durch das Essen im Mahl tritt zunächst eine Verzögerung ein. Auf

[435] Vgl. die Epiklese im Abendmahlsgebet I im Evangelischen Gottesdienstbuch: „Wir bitten dich: Sende auf uns herab den Heiligen Geist, heilige und erneuere uns an Leib und Seele." (EGb, S. 113). Auch ich halte diesen Aspekt der Epiklese für sehr wichtig. Er sollte aber nicht gegen die Gabenepiklese ausgespielt werden – beides gehört m. E. zusammen.

[436] Vgl. Brunner, Zur Lehre vom Gottesdienst der im Namen Jesu versammelten Gemeinde, S. 168ff.

dem Weg zum göttlichen Lebensgrund darf die alltägliche Lebensgefährdung nicht vergessen sein. ... Alle Krisen und Konflikte, alle Schrecken und Schönheiten des Lebens werden nicht verdrängt, wenn die letzte Etappe auf dem Weg zur Gottesbegegnung beginnt."(272)

Etwas prosaischer ausgedrückt: Das Fürbittengebet ist auch für alte Menschen der Ort des Weltbezugs. Der Blick in die Geschichte des Hospitals hat gezeigt, dass gerade die alten Menschen an der Schwelle zur Ewigkeit als die bevorzugten Fürbitter galten. Karl-Friedrich Wiggermann konstatiert auch für die Gegenwart: „Wenn alte Menschen von allen anderen Diensten in Leben und Beruf entbunden sind, behalten oder erwerben sie das Amt des Fürbitters (auch im Gottesdienst)."[437] Und Depping führt aus: „Das Fürbittengebet hat für den kranken alten Menschen einen ganz besonderen Wert. Er kann kaum noch etwas für andere tun. Das Fürbittengebet eröffnet ihm hingegen die Möglichkeit, noch für andere einzutreten. Er kann noch für andere beten. ... Gebetet werden sollte für vertraute Personen, etwa für die Kinder, die Enkelkinder oder für die Pflegenden."[438]

An dieses Amt des Fürbittens ist immer wieder zu erinnern. Ideal ist es, wenn Glieder der Altenheimgemeinde an der Formulierung und – wenn akustisch möglich – am Sprechen des Fürbittengebets beteiligt werden können. Aber auch sonst ist darauf zu achten, dass es so formuliert ist, dass die alten Menschen (innerlich) mitbeten können. Ganz wichtig ist mir, dass die zuletzt verstorbenen Bewohner des Heims namentlich erwähnt und in die Fürbitten miteinbezogen werden.[439]

5.6.2 Kommunion

Im Unterschied zu Josuttis ist für mich die Kommunion eindeutig der Höhepunkt der Abendmahlsfeier. Bei der Austeilung sind praktische und theologische Gesichtspunkte verantwortlich miteinander zu verbinden, denn die Art und Weise der

[437] Wiggermann, Gottesdienst im Altenheim, S. 850.

[438] Depping, S. 86.

[439] Vgl. Unterhansberg, S. 74. Ein besonderer Gottesdienst zum Ewigkeitssonntag bietet Gelegenheit zum fürbittenden Gedenken aller im vergangenen Kirchenjahr verstorbenen Heimbewohner. Dazu können auch die Angehörigen eingeladen werden. Ich habe die Erfahrung gemacht, dass die Angehörigen für so einen Gottesdienst dankbar sind, und die sonst für sie zu hohe Schwelle zum Altenheimgottesdienst hier einmal überschreiten.

Austeilung prägt das Bewusstsein für die Gabe. Josuttis formuliert zugespitzt: „Was die Abendmahlsgaben im Augenblick der Austeilung sind, darüber geben nicht nur die gesprochenen und gesungenen Worte Auskunft, das definiert ganz entscheidend auch das im Ritual praktizierte Verhalten.“(294)

Ein ehrfürchtiger Umgang mit Christi Leib und Blut ist mir deshalb sehr wichtig. Ein nachlässiges Verhalten im Gottesdienst und ganz besonders beim Heiligen Abendmahl wird von den alten Menschen nicht nur als dem Leib Christi im Sakrament unangemessen empfunden, sondern auch als Ausdruck mangelnden Respekts vor der Altenheimgemeinde als Leib Christi!

Der Ehrfurcht dem Leib Christi gegenüber zeigt sich sowohl in einem sorgfältigen Umgang mit den Elementen als auch in einer aufmerksamen und den einzelnen Kommunikanten zugewandten Form der Austeilung. Bei der Austeilung gehe ich durch die Reihen. Weil das Trinken aus dem Kelch auf viele Schwierigkeiten stößt, praktiziere ich die Intinctio.[440] Nach der Spendeformel „Christi Leib und Blut für dich gegeben.“ lege ich die Hostie auf die Zunge bzw. in den Mund des Kommunikanten. Wenn ein Kommunikant die Hostie nicht mehr empfangen kann, gebe ich ihm auf einem Löffel ein paar Tropfen vom Blut Christi.[441]

Es ist mir wichtig, niemanden zum Kommunionsempfang zu nötigen. Die Gefahr der Nötigung besteht ja bei dieser Form der Austeilung. Deshalb weise ich vor der Abendmahlsliturgie auf die Möglichkeit hin, z. B. durch Kopfschütteln oder durch das Schließen des Mundes den Verzicht auf die Kommunion deutlich zu machen.[442]

---

[440] So auch Wiggermann, S. 850.

[441] Ob und inwieweit Traubensaft statt Wein oder Einzelkelche verwendet werden können, ist umstritten. Depping lehnt beides mit der Begründung mangelnder Vertrautheit ab (S. 100). M. E. sollte Wein auch aus Gründen der Stiftungsgemäßheit verwendet werden. Durch die Intinctio ist die Alkoholproblematik minimalisiert. Wo bereits ein Tropfen Wein ein Problem ist, wird gewiss eine seelsorgerliche Einzelfalllösung gefunden werden können.
Über die Mundkommunion kann man ebenso streiten: Sie stellt ja so eine Art „Füttern“ dar. Manche alte Menschen müssen gefüttert werden, aber andere sind froh, noch selbständig essen zu können. Weil aber die Praxis der Mundkommunion vielfach noch aus der Kindheit bekannt ist, und weil ich sie theologisch und praktisch begründe, hat sich dadurch noch niemand „entmündigt“ gefühlt.

[442] Grundsätzlich reiche ich jedem getauften Gottesdienstteilnehmer das Abendmahl. Die u. U. gebotene geistliche Möglichkeit des Verzichts gehört für mich aber zur Wahrung der Würde des Sakraments und auch der Gewissensentscheidung der Gottesdienstfeiernden.

An die vasa sacra bestehen bei dieser Art von Austeilung neben den ästhetischen auch besondere praktische Anforderungen: Ich verwende eine größere, vergoldete Patene, in der ein kleiner, ebenfalls vergoldeter Kelch mittels Steckvorrichtung fest stehen kann. So kann ich die vasa sacra in der linken Hand halten und mit der rechten Hand die Hostie reichen. Trotz dieser etwas ungewöhnlichen Praxis werden doch die Gaben und die vasa sacra eindeutig als solche erkannt.

Es ist mir wichtig, mir für die Austeilung genug Zeit zu nehmen. Obwohl die Kommunion bei 70 Kommunikanten bis zu zehn Minuten dauern kann, habe ich bisher nie erlebt, dass in dieser Zeit Unruhe entstanden wäre. Vielmehr habe ich den Eindruck, dass die Gemeinde die gemeinsame Kommunion als ein besonderes Gemeinschaftserlebnis mit Gott und untereinander tatsächlich in eine ganz besonders friedliche Stimmung versetzt. Hier scheint etwas von dem Frieden auf, den der alte Simeon im Nunc Dimittis preist.

5.7 Gehen

So wie Simeon nach dem Empfang des Heilandes „in Frieden fahren“ kann, so steht auch am Ende des Gottesdienstes wieder das Gehen: Zum einen geschieht – mit Josuttis’ Worten – eine Trennung von der Atmosphäre des Göttlichen (299), zum anderen wird sie in modifizierter Weise mitgenommen: „Der Schutzraum, der sich im kultischen Ritual gebildet hat, die Lebenskraft, die durch die Akte der Reinigung, Erleuchtung und Vereinigung vermittelt wurde, die energiegeladene Atmosphäre, die sich eingestellt hat, das alles geht mit dem Gottesdienst nicht einfach verloren. Sondern das alles kann aus dem Gottesdienst auch exportiert werden.“(308f.) Diese Funktion hat nach Josuttis der Aaronitische Segen am Schluss des Gottesdienstes. Der Segen ist auch für die Altenheimgemeinde noch einmal ein ganz wichtiger Moment. Mit großer innerer Sammlung wird er empfangen.

Mit dem Segen kann auch ich „meine“ Altenheimgemeinde „im Frieden“ gehen lassen – auch wenn ich nicht weiß, wer von ihnen das nächste Mal noch in der irdischen Gemeinde mitfeiern wird.

LITERATURVERZEICHNIS

Ich gliedere das Literaturverzeichnis in Literatur, die ich in mehreren Teilen meiner Arbeit verwende [a) grundlegende Literatur], und in solche, auf die ich mich nur in einem Teil beziehe [b) spezielle Literatur].

a) Grundlegende Literatur

- **Agende für evangelisch-lutherische Kirchen und Gemeinden.** Erster Band: Der Hauptgottesdienst mit Predigt und heiligem Abendmahl und die sonstigen Predigt- und Abendmahlsgottesdienste. Ausgabe für den Pfarrer, Berlin / Hamburg 1971.

- **Die Bibel.** Nach der Übersetzung Martin Luthers, mit Apokryphen, revidierte Fassung von 1984, Stuttgart 1985.

- **Evangelisches Gesangbuch.** Ausgabe für die Evangelisch-Lutherische Landeskirche Sachsens, Leipzig 1994.

- **Evangelisches Gottesdienstbuch.** Agende für die Evangelische Kirche der Union und für die Vereinigte Evangelisch-Lutherische Kirche Deutschlands, hg. von der Kirchenleitung der Vereinigten Evangelisch-Lutherischen Kirche Deutschlands und im Auftrag des Rates der Kirchenkanzlei der Evangelischen Kirche der Union, Berlin / Bielefeld / Hannover 2000.

- **Depping, Klaus, Altersverwirrte Menschen seelsorgerlich begleiten.** Hintergründe, Zugänge, Begegnungsebenen, Bd. 1, Hannover ^{3}2008.

- **Fröchtling, Andrea, „Und dann habe ich auch noch den Kopf verloren ...“.** Menschen mit Demenz in Theologie, Seelsorge und Gottesdienst wahrnehmen, APrTh, Bd. 38, Leipzig 2008.

- **Heymel, Michael, Was alten Menschen heilig ist.** Möglichkeiten der Altenseelsorge heute, in: Religiöse Begleitung im Alter. Religion als Thema der Gerontologie, hg. von Ralph Kunz, Zürich 2007, 271-293.

- **Im Alter neu werden können.** Evangelische Perspektiven für Individuum, Gesellschaft und Kirche. Eine Orientierungshilfe des Rates der Evangelischen Kirche in Deutschland (EKD), Gütersloh 2009.

- **Josuttis, Manfred, Der Weg in das Leben.** Eine Einführung in den Gottesdienst auf verhaltenswissenschaftlicher Grundlage, Gütersloh [3]2000.
- **Josuttis, Manfred, Rituale im Alter,** in: Ders., Kraft durch Glauben. Biblische, therapeutische und esoterische Impulse für die Seelsorge, Gütersloh 2008, 118-132.
- **Klie, Thomas: Liturgik: Alte im Gottesdienst – Gottesdienste für Alte,** in: Praktische Theologie des Alterns, hg. von Thomas Klie, Martina Kumlehn und Ralph Kunz, Praktische Theologie im Wissenschaftsdiskurs, Bd. 4, Berlin / New-York 2009, 449-470.
- **Kruse, Andreas, Das letzte Lebensjahr.** Zur körperlichen, psychischen und sozialen Situation des alten Menschen am Ende seines Lebens, Grundriss Gerontologie, Bd. 21, Stuttgart 2007.
- **Lehr, Ursula, Psychologie des Alterns,** Wiebelsheim [11]2007.
- **Pechmann, Burkhard, Durch die Wintermonate des Lebens.** Seelsorge für alte Menschen, Gütersloh 2007.
- **Raschzok, Klaus / Kemnitzer, Konstanze, Orte: Heim(e) und Mobilität,** in: Praktische Theologie des Alterns, hg. v. Thomas Klie, Martina Kumlehn und Ralph Kunz, Praktische Theologie im Wissenschaftsdiskurs, Bd. 4, Berlin / New-York 2009, 283-310.
- **Schneider-Flume, Gunda, Alter – Schicksal oder Gnade?** Theologische Überlegungen zum demographischen Wandel und zum Alter(n), Göttingen 2008.
- **Unterhansberg, Karla, Gottesdienste in Alten- und Pflegeheimen.** Impulse aus neuerer Literatur und Erfahrungen aus eigener Praxis, in: Thema: Gottesdienst, Nr. 29, hg. von der Arbeitsstelle für Gottesdienst und Kindergottesdienst der Evangelischen Kirche im Rheinland, Wuppertal 2009, 67-84.

b) Spezielle Literatur

Zu Teil 1 (Zur Situation)

- **Albertz, Heinrich, Am Ende des Weges.** Nachdenken über das Alter, München 1989.

- **de Beauvoir, Simone, Das Alter,** Reinbek bei Hamburg 1977.

- **Bundesministerium für Familie, Senioren, Frauen und Jugend,** Möglichkeiten und Grenzen selbständiger Lebensführung in stationären Einrichtungen (MuG IV) – Befunde und Empfehlungen. Zusammenfassung, Berlin 2008.

- **Feeser-Lichterfeld, Ulrich, Lebensgestaltung im hohen Alter** – eine Herausforderung für die nächste Dekade (und darüber hinaus), in: Bibel und Liturgie 81. Jg., Heft 2 (2008), 103-110.

- **Fischer-Börold, Cornelia / Zettl, Siglind, Demenz,** Visite Gesundheitsbibliothek, Hannover 2006.

- **Fussek, Claus / Loerzer, Sven, Alt und abgeschoben.** Der Pflegenotstand und die Würde des Menschen, Freiburg i. Br. 2005.

- **Jens, Tilman, Demenz.** Abschied von meinem Vater, Gütersloh 2009.

- **Kruse, Andreas, Demenz** – medizinisch-pflegerische, psychologische, ethische Überlegungen, in: Leben mit Demenz. Beiträge aus medizinisch-pflegerischer, theologischer und lebenspraktischer Sicht, EKD-Texte 98, Hannover 2008, 45-79.

- **Kübler-Ross, Elisabeth, Interviews mit Sterbenden,** Gütersloh ^{14}1987.

- **Legatis, Gerd, Art. „Gerontologie“,** in: TRE, Bd. 12, Berlin / New-York 1984, 524-532.

- **Mäule, Thomas, Alter(n) diakonisch gestalten.** Wider die demographische Ignoranz! In: Aging – Anti-Aging – Pro-Aging. Altersdiskurse in theologischer Deutung, hg. von Martina Kumlehn und Thomas Klie, Stuttgart 2009, 213-233.

- **Marburger, Horst, SGB XI** – Soziale Pflegeversicherung. Textausgabe mit ausführlicher Kommentierung, Walhalla Rechtshilfen, Regensburg ^{3}2010.

- **Muntanjohl, Felizitas, Der letzte Umzug.** Seelsorge bei Menschen in Pflegeheimen, in: Religiöse Begleitung im Alter. Religion als Thema der Gerontologie, hg. von Ralph Kunz, Zürich 2007, 295-306.

- **Pflege Heute.** Lehrbuch und Atlas für Pflegeberufe, Ulm / Stuttgart / Jena / Lübeck 1997.

- **Statistisches Bundesamt, Pflegestatistik 2007.** Pflege im Rahmen der Pflegeversicherung, **Deutschlandergebnisse** Dezember 2007, Wiesbaden 2008.

- **Statistisches Bundesamt, Pflegestatistik 2007.** Pflege im Rahmen der Pflegeversicherung, 4. Bericht: **Ländervergleich – Pflegeheime**, Wiesbaden 2009.

- **Statistisches Bundesamt, Bevölkerung Deutschlands bis 2060.** 12. koordinierte Bevölkerungsvorausberechnung, Begleitmaterial zur Pressekonferenz am 18. November 2009 in Berlin, Wiesbaden 2009.

- **Statistisches Landesamt des Freistaates Sachsen, Bevölkerung 1990 bis 2020 in Sachsen,** Kamenz 2008.

- **Statistisches Landesamt des Freistaates Sachsen, Mehr Pflegebedürftige in Sachsen,** Pressemitteilung vom 4. März 2009, Kamenz 2009.

- **Stoppe, Gabriela, Demenz.** Diagnostik – Beratung – Therapie, München / Basel ²2007.

- **Thilo, Hans-Joachim, Art. „Alter"**, in: EKL, Bd. 1, Göttingen ³1986, 110-113.

- **Wiefel-Jenner, Katharina, Ein Zeugnis der Hoffnung geben.** Seelsorgerliche Begleitung demenziell erkrankter Menschen in diakonischen Einrichtungen, in: DPfBl 1/2008, 20-22.

- **Ziemer, Jürgen, Seelsorgelehre.** Eine Einführung für Studium und Praxis, Göttingen ³2008.

Zu Teil 2 (Biblisch-theologische Deutung des Alters)

- **Biblia Hebraica Stuttgartensia,** ed. W. Rudolph et H. P. Rüger, Stuttgart 1983.

Bovon, Francois, Das Evangelium nach Lukas, 1. Teilband: Lukas 1,1 – 9,50, EKK, Bd. III/1, Zürich 1989.

- **Gese, Hartmut, Der Tod im Alten Testament,** in: Ders., Zur Biblischen Theologie. Alttestamentliche Vorträge, Tübingen 1983, 31-54.

- **Gesenius, Wilhelm, Hebräisches und aramäisches Handwörterbuch über das Alte Testament,** Berlin / Göttingen / Heidelberg ¹⁷1962.

- **Hock, Klaus, Liminalität.** Die Konstruktion von Alter als religiöse Statuszuweisung, in: Aging – Anti-Aging – Pro-Aging. Altersdiskurse in theologischer Deutung, hg. von Martina Kumlehn und Thomas Klie, Stuttgart 2009, 157-175.

- **Hossfeld, Frank-Lothar, Psalmen 51 – 100,** HThKAT, Freiburg i. Br. / Basel / Wien 2000.

- **Kaiser, Otto / Lohse, Eduard, Tod und Leben,** Stuttgart 1977.

- **Kraus, Hans-Joachim, Psalmen, 2. Teilband: Psalmen 60 – 150,** BK, Bd. XV/2, Neukirchen-Vluyn [6]1989.

- **Reinmuth, Eckart, Die kulturelle Konstruktion des Alters.** Neutestamentliche Perspektiven, in: Aging – Anti-Aging – Pro-Aging. Altersdiskurse in theologischer Deutung, hg. von Martina Kumlehn und Thomas Klie, Stuttgart 2009, 144-156.

- **Wolff, Hans Walter, Anthropologie des Alten Testaments,** Gütersloh [7]2002.

- **Zenger, Erich, Die Nacht wird leuchten wie der Tag.** Psalmenauslegungen, Freiburg i. Br. 1997.

Zu Teil 3 (Historische Einsichten)

- **Baberske-Krohs, Unternehmenskultur und Spiritualität im Raum,** in: Diakonische Unternehmenskultur. Handbuch für Führungskräfte, Diakonie. Bildung – Gestaltung – Organisation, Bd. 2, Stuttgart 2008, 93-103.

- **von Ballestrem, Die Hospitalität des Ordens,** in: Der Johanniterorden / Der Malteserorden. Die ritterlichen Orden des hl. Johannes vom Spital zu Jerusalem. Seine Geschichte, seine Aufgaben, hg. von Adam Wienand, Köln [3]1988, 257-273.

- **Basilius von Cäsarea: Über den Heiligen Geist.** Griechisch – Deutsch, übersetzt und eingeleitet von Hermann Josef Sieben, Fontes Christiani, Bd. 12, Freiburg i. Br. 1993.

- **Frank, Thomas, Die Sorge um das Seelenheil in italienischen, deutschen und französischen Hospitälern,** in: Hospitäler in Mittelalter und Früher Neuzeit. Frankreich, Deutschland und Italien. Eine vergleichende Geschichte, hg. von Gisela Drossbach, Pariser Historische Studien, Bd. 75, München 2007, 215-224.

- **Gregor von Nazianz, Rede 43**, in: Kirchen- und Theologiegeschichte in Quellen. Bd. 1, Alte Kirche, ausgewählt, übersetzt und kommentiert von Adolf Martin Ritter, Neukirchen-Vluyn [4]1987, 174f.

- **„Hirt" des Hermas,** in: Die Apostolischen Väter. Griechisch-deutsche Parallelausgabe, neu übersetzt und herausgegeben von Andreas Lindemann und Henning Paulsen, Tübingen 1992, 325-555.

- **Jacobus de Voragine, Legenda Aurea.** Auswahl, Übersetzung aus dem Lateinischen, Anmerkungen und Nachwort von Jacques Laager, Zürich ^{4}1994.

- **Jetter, Dieter, Das europäische Hospital.** Von der Spätantike bis 1800, Köln ^{2}1987.

- **Krabbenhöft, Klaas-Peter, Das Heiligen-Geist-Hospital zu Lübeck.** Ein Überblick in Wort und Bild, hg. von der Stiftung Heiligen-Geist-Hospital, Lübeck ^{3}2005.

- **Lindenmann-Merz, Gaby, Infirmarien** – Kranken- und Sterbehäuser der Mönche, Mittelalter Studien, Bd. 19, München 2009.

- **Löhe, Wilhelm, Erinnerungen aus der Reformationsgeschichte von Franken** (1847), in: Ders., Gesammelte Werke, Bd. 3/2, hg. von Klaus Ganzert, Neuendettelsau 1958, 523-681.

- **Luther, Martin, Eyn Sermon von der bereytung zum sterben** (1519), in: Ders., Werke. Kritische Ausgabe (WA), Bd. 2, Weimar 1884, 685-697.

- **Meyer, Andreas, Das Proprium des spätmittelalterlichen und frühneuzeitlichen Hospitals,** in: Hospitäler in Mittelalter und Früher Neuzeit. Frankreich, Deutschland und Italien. Eine vergleichende Geschichte, hg. von Gisela Drossbach, Pariser Historische Studien, Bd. 75, München 2007, 261-265.

- **Plessing, Wilhelm, Das Heilige Geist Hospital in Lübeck im 17. und 18. Jahrhundert.** Beiträge zur Geschichte seiner Verfassung, Verwaltung und Einrichtung, Lübeck 1914.

- **Ratzinger, Joseph, Wahrer Friede und wahre Kultur: Christlicher Glaube und Europa.** Predigt in Krakau am 13. September 1980, in: Christlicher Glaube und Europa. 12 Predigten, München 1981, 7-18.

- **Regula Benedicti** / Die Benediktusregel. Lateinisch / Deutsch, hg. im Auftrag der Salzburger Äbtekonferenz, Beuron ^{4}2006.

- **Resch, Claudia, Trost im Angesicht des Todes.** Frühe reformatorische Anleitungen zur Seelsorge an Kranken und Sterbenden, Pietas Liturgica, Bd. 15, Tübingen / Basel 2006.
- **Städtische SeniorInneneinrichtungen,** hg. von der Hansestadt Lübeck, Lübeck 2009.
- **Steinmeier, Walter, St. Jobst – Das Aussätzigenspital am Empfangsweg des Kaisers.** Ein Beitrag zum Stadtausbau unter Karl IV. und zum Spitalwesen der freien Reichsstadt Nürnberg, Nürnberg 2006.
- **Stolle, Dörte, Pfingsten im September,** hg. von der Hansestadt Lübeck, Lübeck o.J.
- **Wienand, Adam, Die Hospitalkirche der Johanniter als Bautypus,** in: Der Johanniterorden / Der Malteserorden. Die ritterlichen Orden des hl. Johannes vom Spital zu Jerusalem. Seine Geschichte, seine Aufgaben, hg. von Adam Wienand, Köln ^{3}1988, 409-421.
- **Wikipedia, Art. „Brüder vom Orden des Heiligen Geistes“,** http://de.wikipedia.org/wiki/Br%C3%BCder_vom_Orden_des_Heiligen_Geistes, letzte Änderung: 5. April 2010, Zugriff: 12. Juli 2010.
- **Wikipedia, Art. „Hospital“,** http://de.wikipedia.org/wiki/Hospital, letzte Änderung: 24. September 2010, Zugriff: 20. Oktober 2010.

Zu Teil 4 (Liturgietheoretsiche Entscheidungen)

- **Bekenntnisschriften der evangelisch-lutherischen Kirche,** hg. im Gedenkjahr der Augsburgischen Konfession 1930, Göttingen ^{9}1982.
- **Bieritz, Karl-Heinrich, Anthropologische Grundlegung,** in: Handbuch der Liturgik. Liturgiewissenschaft in Theologie und Praxis der Kirche, hg. von Hans-Christoph Schmidt-Lauber, Michael Meyer-Blanck und Karl-Heinrich Bieritz, Göttingen ^{3}2003, 95-128.
- **Erikson, Erik H., Identität und Lebenszyklus.** Drei Aufsätze, übersetzt von Käte Hügel, Frankfurt a. M. 2003.
- **Grün, Anselm, Die hohe Kunst des Älterwerdens,** Münsterschwarzach ^{7}2009.

- **Josuttis, Manfred, Erleuchte uns mit deinem Licht.** Gedanken und Gebete zu den Gottesdiensten des Kirchenjahres, Gütersloh 2009.

- **Kunz, Ralph, Was ist Religionsgerontologie?** In: Aging – Anti-Aging – Pro-Aging. Altersdiskurse in theologischer Deutung, hg. von Martina Kumlehn und Thomas Klie, Stuttgart 2009, 9-32.

- **Muntanjohl, Felizitas, Ich will euch tragen bis zum Alter hin.** Gottesdienste, Rituale und Besuche in Pflegeheimen, Gütersloh 2005.

- **Nicol, Martin, Weg im Geheimnis.** Plädoyer für den Evangelischen Gottesdienst, Göttingen 2009.

- **Ratzmann, Wolfgang, Gegenwärtige evangelisch-theologische Positionen zum Gottesdienst als Anfragen an eine künftige evangelische Gottesdiensttheologie,** in: Ders., „Gott ist gegenwärtig". Aufsätze zum Gottesdienst, Beiträge zu Liturgie und Spiritualität, Bd. 24, Leipzig 2010, 45-57.

- **Ratzmann, Wolfgang, Was ist Gottesdienst?** In: Ders., „Gott ist gegenwärtig". Aufsätze zum Gottesdienst, Beiträge zu Liturgie und Spiritualität, Bd. 24, Leipzig 2010, 13-27.

- **Rieger, Hans-Martin, Altern anerkennen und gestalten.** Ein Beitrag zu einer gerontologischen Ethik, ThLZ.F, Bd. 22, Leipzig 2008.

- **Rössler, Dietrich, Praktische Theologie** – Begriff und Aufgabe, in: Wintzer, Friedrich, Praktische Theologie, Neukirchen ^{5}1997, 1-11.

- **Schmitz, Hermann, Der Gefühlsraum,** System der Philosophie, Bd. III/2, Bonn 1969.

- **Schmitz, Hermann, Das Göttliche und der Raum,** System der Philosophie, Bd. III/4, Bonn ^{2}2005.

- **Slenczka, Reinhard, Ziel und Ende.** Einweisung in die christliche Endzeiterwartung: „Der Herr ist nahe", Neuendettelsau 2008.

- **Schmid, Heinrich, Die Dogmatik der evangelisch-lutherischen Kirche dargestellt und aus den Quellen belegt.** Neu herausgegeben und durchgesehen von Horst Georg Pöhlmann, Gütersloh ^{10}1983.

- **Thilo, Hans-Joachim, Die therapeutische Funktion des Gottesdienstes,** Kassel 1985.
- **Wainwright, Geoffrey, Systematisch-theologische Grundlegung,** in: Handbuch der Liturgik. Liturgiewissenschaft in Theologie und Praxis der Kirche, hg. von Hans-Christoph Schmidt-Lauber, Michael Meyer-Blanck und Karl-Heinrich Bieritz, Göttingen [3]2003, 72-94.

Zu Teil 5 (Von der Theorie zur Praxis)
- **Brunner, Peter, Zur Lehre vom Gottesdienst der im Namen Jesu versammelten Gemeinde,** in: Leiturgia. Handbuch des evangelischen Gottesdienstes, Bd. I, hg. von Karl-Ferdinand Müller und Werner Blankenburg, Kassel 1954, 83-364.
- **Dietz, Otto, Unser Gottesdienst.** Ein Hilfsbuch zum Hauptgottesdienst nach Agende I für evangelisch-lutherische Kirchen und Gemeinden, München [3]1989.
- **Feld, Thomas, „Ich will euch tragen, bis ihr alt und grau seid".** Sinn, Religion und Depression im Alter, in: DPfBl 1/2008, 16-20.
- **Häußling, Angelus A., Akklamationen und Formeln,** in: Gestalt des Gottesdienstes. Sprachliche und nichtsprachliche Ausdrucksformen, GdK, Bd. 3, Regensburg [2]1990, 220-239.
- **Haustein, Manfred, Gottesdienst und Seelsorge,** in: Handbuch der Liturgik. Liturgiewissenschaft in Theologie und Praxis der Kirche, hg. von Hans-Christoph Schmidt-Lauber, Michael Meyer-Blanck und Karl-Heinrich Bieritz, Göttingen [3]2003, 655-663.
- **Jetter, Werner, Symbol und Ritual.** Anthropologische Elemente im Gottesdienst, Göttingen 1978.
- **Lödel, Ruth, „Am Ende bin ich noch immer bei Dir".** Verkündigung in der Altenheimseelsorge, in: Beim Wort nehmen – die Schrift als Zentrum für kirchliches Reden und Gestalten. Friedrich Mildenberger zum 75. Geburtstag, hg. von Michael Krug, Ruth Lödel und Johannes Rehm, Stuttgart 2004, 289-301.
- **Lorenzer, Alfred, Das Konzil der Buchhalter.** Die Zerstörung der Sinnlichkeit. Eine Religionskritik, Frankfurt a. M. 1981.

- **Moser, Tilmann, Gottesvergiftung,** suhrkamp taschenbuch 533, Frankfurt a. M. 1976.

- **Ritter, Karl Bernhard, Die Eucharistische Feier.** Die Liturgie der evangelischen Messe und des Predigtgottesdienstes, hg. in Verbindung mit der Evangelischen Michaelsbruderschaft, Kassel 1961.

- **Schwier, Helmut, Homiletik: Predigen (nicht nur) für alte Menschen,** in: Praktische Theologie des Alterns, hg. von Thomas Klie, Martina Kumlehn und Ralph Kunz, Praktische Theologie im Wissenschaftsdiskurs, Bd. 4, Berlin / New-York 2009, 433-447.

- **Söhngen, Oskar, Theologische Grundlagen der Kirchenmusik,** in: Leiturgia. Handbuch des evangelischen Gottesdienstes, Bd. IV, hg. von Karl Ferdinand Müller und Walter Blankenburg, Kassel 1961, 1-267.

- **Wiggermann, Karl-Friedrich, Krankenhaus-, Altenheim-, Militär- und Gefängnisgottesdienst,** in: Handbuch der Liturgik. Liturgiewissenschaft in Theologie und Praxis der Kirche, hg. von Hans-Christoph Schmidt-Lauber, Michael Meyer-Blanck und Karl-Heinrich Bieritz, Göttingen ^{3}2003, 846-855.

MIX
Papier aus verantwortungsvollen Quellen
Paper from responsible sources
FSC® C105338

Printed by Books on Demand GmbH, Norderstedt / Germany